LE COMTE

DE

VERMANDOIS

HISTOIRE DU TEMPS DE LOUIS XIV

— 1683 —

PAR

PAUL LACROIX

(BIBLIOPHILE JACOB)

2

PARIS

ALEXANDRE CADOT, ÉDITEUR

37, rue Serpente

—

1856

LE COMTE DE VERMANDOIS

Ouvrages de Paul de Kock.

Ouvrages du marquis de Foudras.

Fontainebleau, imp. de E. Jacquin.

LE COMTE

DE

VERMANDOIS

HISTOIRE DU TEMPS DE LOUIS XIV

— 1683 —

PAR

PAUL LACROIX

(BIBLIOPHILE JACOB)

2

PARIS

ALEXANDRE CADOT, ÉDITEUR

37, rue Serpente

—

1856

VII

La rencontre.

Il y avait à Paris, vers cette époque, une société secrète de libertins, d'ivrognes et de joueurs, qu'on appelait la secte des Nouveaux-Templiers.

Cette secte n'avait été sans doute dans

l'origine qu'une association bachique et joyeuse, qui n'empruntait à l'ordre religieux et militaire des anciens Templiers que certaines traditions de bonne chère, de plaisir et de gaîté.

On sait que, de tous temps, le nom de *Templier* fut, à tort ou à raison, synonime de grand buveur.

Mais il paraît que le but de l'association changea d'une manière déplorable, quand les jeunes gens de la cour se firent recevoir Templiers.

On ne but pas moins, mais on joua davantage, et le jeu effréné, qui devint l'objet principal des réunions de cet étrange ordre du Temple, n'était, disait-on, que le prélude des plus horribles débauches.

La calomnie ne manqua pas sans doute de grossir et d'envenimer les accusations que la voix publique avait évoquées contre les Templiers.

Ce qu'il y avait de plus certain dans ces accusations, c'est que les membres de l'ordre, appartenant à la jeune cour, faisaient la débauche, suivant l'expression usitée alors, c'est-à-dire mangeaient et buvaient à l'excès, de telle sorte qu'on les ramenaient chez eux ivre-morts dans leurs carrosses.

L'ivrognerie était alors, on aurait peine à le croire, la passion dominante des courtisans.

Quant à l'amour du jeu, c'était un vice qui prenait tous les jours, à la cour de Louis XIV, des proportions plus inquiétantes, malgré la réprobation du roi, qui, dans un autre temps, avait donné lui-même l'exemple de ce vice désastreux.

De tels désordres s'étaient commis dans deux ou trois assemblées tenues par les chefs d'Ordre des Templiers, que le roi dut sévir contre les auteurs présumés de ces scandales.

Le chevalier de Tilladet, le marquis de

Biran, le duc de Grammont et d'autres
seigneurs, qui avaient autorisé par leur
présence, les coupables égarements des
frères, furent bannis de la cour.

Louis XIV déclara même qu'il ferait
mettre en jugement quiconque serait convaincu d'avoir adhéré aux statuts secrets
des Templiers.

On prétendait que le chevalier de Lorraine avait dressé ces statuts, qui n'existaient peut-être pas, mais qui avaient été
dénoncés comme renfermant une abominable doctrine, contraire aux lois divines
et humaines.

Le chevalier, qui passait pour le grand

chef de l'Ordre, fut, de même que ses
acolytes, frappé de disgrâce et invité à ne
plus se présenter devant le roi, qui le
détestait et qui l'avait déjà exilé une fois,
à la suite de la mort tragique d'Henriette
d'Angleterre.

Mais le chevalier, fort de l'appui que
lui prêtaient Monsieur, frère du roi, et le
Dauphin, *Monseigneur*, continuait à se
montrer partout à la cour; il avait soin,
seulement, de se tenir éloigné des yeux de
Louis XIV.

Celui-ci gardait une rancune particu-
lière au chevalier de Lorraine et au comte
de Marsan, son frère, car il les accusait

tous deux d'avoir corrompu le jeune comte
de Vermandois et de lui avoir commu-
niqué la contagion de leurs vices.

Le comte de Vermandois s'était trouvé,
en effet, dans une Académie de Templiers,
où le chevalier de Lorraine l'avait amené,
en l'enlevant une nuit du château de
Versailles, pour le conduire en cachette à
Paris, pendant le sommeil de son gouverneur, M. de Monchevreuil.

Le jeune prince avait joué et bu comme
les autres; puis, il était tombé sous la
table et, par bonheur, il s'y était endormi.

Il ne prit donc aucune part aux orgies

épouvantables qui eurent lieu pendant toute la nuit et qui se terminèrent par l'arrivée du guet, aux cris d'un malheureux enfant qu'on avait atrocement mutilé, en guise de passe-temps, et que les assassins criblaient de coups d'épée, en dansant et en chantant autour de la victime.

L'inventeur de cette sanglante plaisanterie était, dit-on, le fils cadet de Colbert, qu'on nommait le chevalier Colbert, parce qu'il avait été destiné à entrer dans l'ordre de Malte.

On eut beaucoup de peine à étouffer l'affaire, en indemnisant la victime qui

survivait à son martyre; mais, par une
erreur funeste, qui n'était pas tant l'effet
du hasard que d'une machination odieuse,
le comte de Vermandois fut accusé d'avoir
imaginé le supplice du pauvre enfant et
d'avoir prêté les mains à sa mutilation.

C'est à l'occasion de cette histoire tragique et mystérieuse que Louis XIV avait
exilé son fils naturel à Chantilly, en ne
lui permettant pas même de se justifier.

Pendant six mois, le comte de Vermandois avait donc séjourné à Chantilly, où
son beau-frère, le prince de Conti, et sa
sœur, mademoiselle de Blois, mariée à ce
prince, furent les seules personnes de sa

famille qui osèrent le voir et lui faire accueil.

Le bruit avait couru que le roi, indigné de la perversité précoce de son fils illégitime, qu'il préférait naguères au Dauphin lui-même, voulait casser et annuler la déclaration solennelle par laquelle il l'avait reconnu fils de France.

Le prince était cependant bien innocent des vilaines actions qu'on lui attribuait : il n'avait jamais eu d'autres tort que de subir la fatale influence des conseils du chevalier de Lorraine, qui, dans un intérêt tout politique, lui avait inspiré le goût du vin et du jeu.

Le chevalier de Lorraine exerçait sur ce jeune prince un empire bien fatal et bien pernicieux, puisque, pour s'y soustraire, le comte de Vermandois avait pris la bonne résolution de le fuir tout à fait.

Depuis plus de vingt jours, il n'avait pas revu le chevalier et il souhaitait ne jamais le revoir ; car il se sentait faible auprès de ce génie du mal.

Mais, néanmoins, il éprouvait une horreur réelle pour les deux vices auxquels il s'était abandonné quelquefois malgré lui, et l'amour romanesque qu'il avait conçu pour mademoiselle de Chantemerle, lui apprenait à se corriger des honteuses

passions qui lui eussent bientôt fait perdre
sa propre estime.

Il pensait à Louise; il pensait à se retrouver le plus vite possible auprès d'elle,
quand il fut remonté à cheval et qu'il sortit de l'hôtel Colbert, avec son fidèle Moufle.

Il avait reçu le dernier soupir du ministre qui venait d'expirer, en lui recom-
mandant d'être toujours digne du sang
royal, qui coulait dans ses veines.

Le prince laissait flotter la bride sur le
cou de sa monture, qu'il ne songeait pas à
diriger au milieu des obstacles et des embarras qui encombraient les rues étroites,
où la circulation était souvent interrom-
pue par le passage d'un carrosse.

Son genêt d'Espagne, dont l'ardeur n'était pas même amortie par un voyage de seize lieues parcourues en moins de sept heures, trottait allègrement sur le pavé inégal de Paris, d'où il faisait jaillir à chaque pas une boue noire et fétide.

Le comte de Vermandois ne remarquait pas qu'il était un objet de curiosité pour les passants, qui s'arrêtaient à le regarder, en s'émerveillant de sa ressemblance avec le roi.

Le valet de chambre, qui trottait derrière lui, avait supposé d'abord que le prince suivrait une route qu'il connaissait et qui le conduirait à son but.

Mais il s'aperçut bientôt que cette route

était celle que le hasard offrait à la course vagabonde du cheval, qui se trouvait alors engagé dans une ruelle tortueuse où deux cavaliers n'auraient pu passer de front.

— Monseigneur, dit-il à voix basse en se rapprochant du prince, où faut-il que je mène Votre Altesse?

— Tais-toi? reprit le prince en se retournant avec vivacité; il n'y a pas d'Altesse ici, il n'y a que M. Louis Breton. Ces braves gens ouvrent des yeux ébahis, comme s'ils n'avaient jamais vu un homme à cheval dans leurs rues boueuses. Je ne voudrais pas, pour beaucoup, être reconnu!

— Il est de si bonne heure, que les personnes qui pourraient vous reconnaître dorment encore, et ne se mettront pas aux fenêtres pour vous voir passer.

— Choisis notre chemin par les quartiers qui ne sont habités que par des marchands et des bourgeois. Hâtons-nous de sortir de Paris avant que les gens de qualité ne s'éveillent.

— J'appréhende fort que nos chevaux ne puissent nous ramener jusqu'à Fontainebleau...

— Nous penserons à cela quand ils ne

pourront plus aller, ou du moins quand nous serons hors Paris.

— Je regrette bien que Votre Alt..., que vous n'ayez pas voulu vous servir du carrosse qui vous attendait à minuit sur la lisière de la forêt.

— En ce cas, on aurait su que je me rendais à Paris, et l'on eût bientôt découvert ce que j'y allais faire. Mais où sommes-nous maintenant?

— Cette vilaine rue est la rue Tirechape ou la rue Bailleul, car nous approchons du Louvre...

— N'en approchons pas davantage, par Dieu! nous serions là en pays ennemi.

— Nous arriverons tout à l'heure au Pont-Neuf, et nous gagnerons le faubourg Saint-Marcel, en suivant les quais et le bord de l'eau.

— Je me soucie peu du chemin que nous prendrons, pourvu que nous évitions le Pont-Neuf, qui est, dit-on, le passage le plus fréquenté de l'Univers.

— Le voici justement devant nous, et nous aurons bientôt fait de le traverser.

Le comte de Vermandois n'insista pas

pour changer de route, mais il accéléra le pas de son cheval, pour sortir plus vite de ce passage dangereux, où circulait en tous sens une foule de gens qui, selon les mœurs de Paris, semblaient en marchant ouvrir les yeux et les oreilles vis-à-vis d'un spectacle perpétuel.

Les deux cavaliers furent aussitôt les uniques acteurs de ce spectacle. On ne regardait plus qu'eux.; on les accompagnait d'une grêle de conjectures et de propos aussi impertinents les uns que les autres.

— C'est monseigneur le Dauphin en personne, disait-on. Il vient du Louvre où il aura couché. Pourquoi est-il venu à

Paris? Où va-t-il maintenant? Il s'en retourne à Meudon ? Peut-être se rend-il au dôme du Val-de-Grâce, où se prépare un beau service pour la reine défunte?

Le comte de Vermandois n'entendait rien de ces paroles volantes que les passants échangeaient entre eux, mais il aurait pu les deviner aux regards curieux dont il était le point de mire.

Tout à coup un cavalier qui débouchait de la place Dauphine, et dont l'extérieur annonçait un gentilhomme, courut à la rencontre du comte de Vermandois.

—Par la mordieu! monseigneur, s'écria-t-il avec un geste de surprise, est-ce bien vous que je trouve sur le Pont-Neuf, quand vous devriez être à Fontainebleau?

Le prince fut tellement étonné de se voir en face du chevalier de Lorraine, qu'il ne répondit pas sur-le-champ et que sa rougeur subite témoigna de son émotion.

Le chevalier de Lorraine, second fils de Henri de Lorraine, comte de Harcourt et d'Armagnac, grand-écuyer de France, n'avait pas hérité des titres et des grand biens de son père, lesquels appartenaient de droit à son frère aîné ; mais sa naissance, sa belle mine, son esprit et son adresse l'avaient poussé très avant dans la faveur

des princes : il était le favori de Monsieur,
frère du roi, et le conseiller intime du
Dauphin.

Il possédait, à titre d'abbé commanda-
taire, les plus riches bénéfices de France,
l'abbaye de Saint-Jean-des-Vignes, celle
de Saint-Benoît-sur-Loire, celle de Tyron
et plusieurs autres.

C'étaient là les seules charges qu'il
avait briguées et obtenues.

Du reste, il n'avait rien d'abbé que la
qualification, qu'il se gardait bien de prendre. Il passait pour l'homme le plus per-

vers de la cour, et il se faisait gloire de l'être.

Il avait été doué par la nature, qui le pourvut de tous les avantages physiques, de la beauté du visage et du corps, comme pour lui donner plus de puissance à faire le mal.

C'était Satan fait homme, mais Satan avant sa chute.

Cependant, les maladies et les débauches avaient un peu altéré l'éclat de cette beauté extraordinaire : si ses traits restaient toujours fins et harmonieux, son teint avait pris une couleur plombée et des reflets verdâtres ; ses lèvres s'étaient fanées et flétries ; ses yeux brillaient d'un feu sinistre ; ses dents commençaient à jaunir, et une ample perruque cachait, par bonheur, l'absence presque complète de ses cheveux.

Mais sa taille n'avait rien perdu de l'élégance qui la distinguait ; la grâce et la noblesse de son maintien s'étaient conservées intactes, malgré la dépravation de ses mœurs ; son grand air et ses grandes manières, pour nous servir des expressions en usage alors à la cour, ne se ressentaient nullement du mauvais genre de vie qu'il avait adopté depuis sa première jeunesse.

Néanmoins, son langage libre et grossier trahissait parfois ses scandaleuses habitudes.

Il avait, à cette époque, trente-huit ans, mais on ne lui en eût pas donné vingt-cinq, à le voir toujours leste et fringant, ardent et infatigable au plaisir, adroit et habile à tous les exercices et à tous les jeux, prodigue et insouciant de sa bourse, de sa santé et de son honneur.

Il ne portait pas le deuil de cour à l'occasion de la mort de Marie-Thérèse ; il était habillé avec un luxe, avec une recherche, avec un goût, qui prouvaient l'envie de plaire et qui faisaient ressortir, en effet, les charmes naturels de sa personne.

Son apparition sur le Pont-Neuf avait produit, parmi les badauds, un redoublement de curiosité et d'indiscrétion.

— C'est M. de Lauzun? sans doute, disait-on, en le regardant avec ébahissement. Oh! les belles plumes! le beau point de Venise! les beaux nœuds de rubans! On ne vit jamais de gentilhomme plus galant, ni plus raffiné!

— Tous ces gens nous regardent! dit le prince, qui usait de ce prétexte pour continuer sa route, en cherchant à prendre congé du chevalier de Lorraine. J'ai honte d'être ainsi en spectacle.

— Ces marauds mériteraient qu'on leur crevât les yeux ! reprit le chevalier qui réglait le pas de sa monture sur le trot de celle du comte de Vermandois.

— Allez à vos affaires, monsieur le chevalier, dit le prince, moi, je vais aux miennes.

— Je n'ai plus d'affaires, monseigneur, dès que j'ai le bonheur d'être en votre compagnie.

— Mais il me semble que vous ne veniez pas de ce côté du pont, et vous êtes attendu ailleurs ?

— Fût-ce la plus grande dame du monde qui m'attendît, je ne vous quitterais pas pour elle !

— Il faut bien pourtant que vous me quittiez, car je m'en retourne à Fontaine-bleau.

— Eh bien ! monseigneur, je m'en retournerai avec vous, s'il vous plaît ?

— Mais, ce me semble, vous étiez hier

encore à Fontainebleau pour les chasses du Dauphin ?

— J'y étais hier, en effet, et n'en suis parti que dans la soirée.

— Ainsi, vous ne sauriez pas me dire si l'on s'est aperçu de mon absence ?

— Ce n'est pas à un prince comme vous, de s'arrêter à de si petites choses. Que vous importe qu'on s'aperçoive ou non de votre absence de Fontainebleau ? N'êtes-vous pas maître unique de votre conduite et de vos actions ? Un prince, à seize ans, n'est-il point hors de page ?

— Sa Majesté ne partage pas votre sentiment là-dessus, mon cher chevalier.

— Il est vrai que le roi est aujourd'hui
affligé de ses quarante-cinq ans et de madame de Maintenon.

— Chevalier, parlez du roi avec plus de
convenance, sinon je quitte la partie !

— Je ne parle du roi qu'à contre-cœur,
ce qui fait que j'en parle à contre-sens.
Mais je ne saurais me défendre de garder
rancune à Sa Majesté, qui vous tient à la
chaîne du marquis de Monchevreuil...

— M. de Monchevreuil ne m'enchaîne pas plus que vous le voyez ici.

— C'est la veuve de Scarron qui vous a fait donner ce gouverneur ; c'est elle qui vous a fait exiler à Chantilly, puis à Fontainebleau, pour que le roi vous oublie ou vous déteste ; c'est elle qui vous ferait moine, si elle le pouvait.

— On ne me fera pas plus moine que vous, par Dieu !

— Oh ! que c'est bien parlé cela, monseigneur ! Vous demeurerez ce que vous êtes, un prince du sang de France, qui serait apte à porter la couronne, si le Dauphin n'avait aucun rejeton mâle...

— Je n'ai pas d'ambition, chevalier, interrompit tristement le comte de Vermandois, et je fais des vœux sincères pour que le Dauphin ait autant d'enfants qu'il en peut souhaiter.

— Tous les jours, prince, on fait des vœux sincères que le sort ne se pique pas d'exaucer.

— Je vous jure, enfin, que je n'ai jamais imaginé une circonstance qui pût me faire monter sur le trône, circonstance que je paierais trop chèrement de la mort de mon frère et de la douleur du roi.

— Lorsque vous parlez ainsi, monseigneur, on comprend que vous avez besoin d'être gouverné. J'aime mieux croire que vous ne dites pas là le fond de votre pensée.

— Puisque je vous en donne ma foi !

— Vous vous persuadez que vous pensez de la sorte, car il vous semble audacieux de penser autrement; mais interrogez-vous, monseigneur, et répondez sans réticence ?

— Pourquoi voulez-vous que je m'interroge sur un sujet qui ne me plaît pas ?

— Demandez-vous, par exemple, si vous seriez fâché ou bien aise que la Dauphine, qui est sur le point d'accoucher, mît au monde une fille ou un enfant mort.

— J'en serais fâché certainement, et je la plaindrais fort.

— Vous la plaindriez, je n'en doute pas ; mais, toutefois, vous en seriez bien aise.

— Vous me jugez bien mal, monsieur le chevalier, et je vaux mieux que vous ne croyez.

— Je crois que vous valez beaucoup, monseigneur, puisque je vous trouve fort bon pour faire un roi. Mais continuons, je vous prie, notre examen de conscience.

— Je vous trouve un plaisant confesseur, chevalier !

— Demandez-vous, monseigneur, la main sur le cœur, si vous ne seriez pas promptement consolé de la mort de M. le Dauphin, en cas qu'il fût tué à l'armée...

— Assez, monsieur ! Vous m'importunez
et vous me faites injure.

— Si j'avais l'honneur d'être votre confesseur, je ne m'en tiendrais pas à ces
questions, et je n'aurais de cesse que vous
n'y répondissiez.

— Par Dieu ! où voulez-vous en venir
avec vos questions ?

— A ce seul point, que vous êtes en âge
à présent de vous conduire à votre guise,
et que les gouverneurs, précepteurs et autres gens de cette espèce, ne sont que des
tyrans ou des espions, que vous devez
chasser impitoyablement.

— Il ne fallait pas remonter au déluge pour en venir à ce point-là !

— Si j'étais à votre place, monseigneur...

— Vous feriez ce que je fais, repartit le prince avec mélancolie ; vous subiriez en silence l'injustice et la méchanceté de vos ennemis.

— A coup sûr, je ne resterais pas prisonnier pendant des mois à Chantilly ou à Fontainebleau ; je ne me résignerais pas à ce martyre, à cette honte, d'être mené en laisse par un gouverneur ou un sous-gouverneur.

— Alors, vous vous établiriez en rébel-
lion ouverte contre le roi ?

— Est-ce que le roi se soucie de ce que
vous faites ou de ce que vous ne faites
pas ?

— Poursuivez : apprenez-moi ce que
vous feriez à ma place ?

— Je me donnerais du bon temps et du
plaisir ; je mènerais joyeuse vie, comme
il convient à l'âge où vous êtes ; j'aurais
des maîtresses...

— Des maîtresses ! répéta le comte de
Vermandois, en haussant les épaules.

— Oui, par là morbleu ! des maîtresses ! non pas une, ce qui est détestable à tous égards, mais deux, mais dix, mais vingt !

— C'est affaire à d'autres qu'à moi, et je ne profiterai pas de l'avis.

— Je vous croyais plus porté pour les femmes, répliqua le chevalier de Lorraine en clignant de l'œil avec malice. Vous avez eu de beaux commencements !

— Encore une fois, chevalier, gardez vos vingt maîtresses, si vous les prenez.

— Grand merci ! Il est donc entendu

que vous ne tomberez pas dans la galan-
terie. Mais nous avons de quoi nous dé-
dommager : la table...

— A d'autres !

— Le vin !

— J'ai juré de ne plus boire...

— Le jeu !

— J'ai juré de ne plus jouer.

— Avez-vous juré de devenir ermite ?
Comment, cette sagesse d'anachorète vous

est-elle venue depuis quinze ou vingt
jours?

— Votre mémoire est en défaut, chevalier, la dernière fois que vous m'avez conduit, de vive force, dans votre caverne, je
n'ai ni bu ni joué.

— Ce n'est pas là une raison de ne plus
jouer et de ne plus boire.

— Chacun a sa fantaisie en ce monde.
La mienne est désormais de ne pas tou-
cher une carte, de ne pas approcher de
mes lèvres un verre de vin...

— Serments d'ivrogne, quoique vous soyez encore à jeun, monseigneur !

— En effet, je n'ai rien pris depuis le souper d'hier, et mon pauvre estomac se le rappelle.

— Voilà ce que votre gouverneur ne souffrirait pas, monseigneur, s'il était ici pour vous gouverner. Les vapeurs d'un estomac vide sont très malsaines, et vous courez risque de revenir malade à Fontainebleau.

— Aussi, je me propose d'entrer dans quelque hôtellerie pour y déjeûner.

— Vous plaît-il, monseigneur, de déjeûner avec moi ?

— Vos abbayes, ce me semble, dit gaîment le prince, ne sont pas sises à Paris.

— Mes abbayes, comme vous dites, monseigneur, sont en Picardie, en Normandie, en Orléanais et ailleurs. Ce n'est pas là que je vous invite à venir. Mais il est à Paris certains lieux où j'ai droit de justice haute et basse, comme sur les terres de mes abbayes.

— Votre droit de justice haute et basse comprend-il la cuisine et la cave?

— Justement, monseigneur ; je vous
promets bonne chère et bon vin.

— Et quels sont ces lieux-là, dans lesquels le couvert est toujours mis. pour
vous ?

— Ce sont les Académies des Templiers, qui m'ont nommé leur chef d'Ordre.

— Vous irez seul chez vos Templiers,
car je ne veux pas retourner dans ces en-
droits suspects, où la police fait sans
cesse irruption avec les archers du guet.

— La police est meilleure dame que

vous ne l'estimez ; elle a des yeux pour ne pas voir, des mains pour ne pas prendre. A-t-elle jamais surpris nous et nos amis ?

— Le chevalier de Tilladet, le marquis de Biran, le duc de Grammont, le *fameux* Manicamp et tous vous diront que lés Templiers, les vrais Templiers, sont en sûreté sous la sauve-garde de la police.

— Voilà pourquoi sans doute, dans la nuit du 17 août, l'Académie de la rue de Jouy a été mise à sac par les soldats du guet !

— Y étiez-vous, monseigneur, pour en

parler? Vous étiez parti depuis longtemps, lorsqu'on s'est jeté à la tête les bouteilles et les cartes.

— Non, je n'irai pas dans ces bouges qui ne servent qu'à boire et à jouer.

— Le grand mal, vraiment, monseigneur, quand vous passeriez une heure de temps à table! Vous avez peur, sans doute, de faire attendre votre gouverneur.

— Moi! je me soucie bien de M. de Monchevreuil!

— Je vois ce que c'est : vous craignez de causer de l'inquiétude à ce bon M. de Périgny !

— J'ai d'autres soins, monsieur, et pourvu que je sois demain à Fontaine-bleau...

— Demain? Ne disiez-vous pas tout à l'heure que vous y vouliez être ce soir?

— Ce soir ou demain, peu importe; je ne suis pas tenu de revenir à heure fixe.

— A merveille. En ce cas, nous re-

viendrons ensemble. Monseigneur, demain plutôt que ce soir. Il faut bien se
rafraîchir, par la mordieu!..... C'est ici
que nous entrons !

VIII

La cave des Templiers.

Le comte de Vermandois avait suivi machinalement le chemin que le chevalier
de Lorraine lui faisait prendre et qui ne
devait pas le conduire sur la route de Fontainebleau.

Moufle, qui chevauchait derrière les deux cavaliers, n'avait point osé intervenir dans la direction de leur marche : il regardait avec inquiétude le dangereux compagnon de voyage qu'il voyait s'attacher aux pas du prince en le détournant de sa voie et de ses projets.

Au lieu de longer les quais au sortir du Pont-Neuf, le chevalier était entré dans la rue Dauphine et avait gagné la rue de Seine par le carrefour Bussy ; puis, redescendant vers la rivière, il s'était engagé dans la petite rue des Marais, où deux chevaux ne pouvaient passer à la fois.

Cette rue, étroite et noire, sur laquelle

s'ouvraient plusieurs maisons magnifiques où l'on n'arrivait jamais en carrosse,
mais seulement à cheval ou en chaises à
porteurs, avait été percée sous le règne de
Henri IV, pour l'usage des grands hôtels,
que la reine Marguerite et le poète Des
Yveteaux avaient fait construire sur les
terrains de l'ancien Pré-aux-Clers.

Ce fut devant la vieille porte d'un jardin que s'arrêta le chevalier de Lorraine.
Cette porte était fermée, et, pour la faire
ouvrir, le chevalier, sans mettre pied à
terre, frappa deux fois avec le marteau
de bronze qui figurait une tête de bouc.

On vint aussitôt introduire les nouveaux-venus dans un préau couvert de sycomore et de hêtres, à l'écorce rugueuse et aux branches rabougries ; ce préau, où poussaient de toutes parts les orties et les chardons, précédait un jardin de plaisance, qui n'était pas mieux entretenu, mais qui conservait des traces de son ancienne splendeur. Il y avait çà et là des statues mutilées de satyres et de nymphes, des vases de marbres ébréchés et des trophées rustiques en pierre rongée de mousse.

C'étaient les restes du jardin que le poète pastoral Des Yveteaux avait dessiné lui-même, et dans lequel il se promenait, en costume de berger arcadique, avec un cortége de chiens et de moutons.

Ce jardin et les constructions délabrées qui en avaient fait l'ornement servaient alors de lieu de rendez-vous secret aux membres les plus notables de la société des Templiers.

Deux frères servants, vêtus de longues robes de laine blanche, avec l'emblème d'un as de cœur renversé sur la poitrine, emmenèrent les chevaux à l'écurie et conduisirent Moufle à la cuisine, où vingt broches chargées d'énormes quartiers de viandes tournaient en gémissant vis-à-vis d'un grand feu. Deux autres servants, vêtus également de robes blanches, avec la figure d'un as de trèfle par devant, menèrent le chevalier de Lorraine et son hôte à la salle du festin.

A leur apparition, un cri de bienvenue s'éleva dans l'assemblée, qui n'attendait plus que son chef pour se mettre à table.

Cette salle, ou le chevalier de Lorraine fit entrer le comte de Vermandois, était une espèce de cave qui avait, du temps de Des Yveteaux, servi de bergerie en été, de serre et de volière en hiver.

Elle formait une vaste rotonde, à demi-enterrée dans le sol et couverte d'ardoises, avec des œils de bœufs vitrés, qui donnaient à peine assez de jour à l'intérieur pour qu'on pût y voir clair en plein midi. Aussi, des lampes, suspendues à la voûte, remplaçaient-elles la lumière du soleil qui n'éclairait jamais les orgies bachiques du chapitre des Templiers.

L'endroit était bien choisi pour ces orgies, car celles que la tradition attribuait au voluptueux Des Yveteaux avaient eu le le même théâtre, et la voûte peinte à fresque, en portait encore témoignage, offrant une foule de symboles amoureux et mythologiques, accompagnés de chœurs de bacchantes et de faunes.

Tous les assistants s'étaient levés avec empressement et respect, dès qu'on eut reconnu le convive que leur amenait le chevalier de Lorraine.

En même temps, le prince avait reconnu, de son côté, plusieurs des personnages qui venaient au-devant de lui pour le recevoir.

— C'est un guet-à-pens! dit-il en se penchant à l'oreille du chevalier de Lorraine ; il ne me convient pas, à moi, prince du sang, de manger avec tout ce monde!

— Nous n'avons ici que des gens de bonne noblesse! reprit à demi-voix le chevalier de Lorraine, qui lui barrait le passage pour l'empêcher de se retirer : vous serez là comme un roi parmi sa cour.

— Souvenez-vous, toutefois, que je veux être de retour à Fontainebleau aujourd'hui même, avant la nuit.

— Mes frères, dit tout haut le chevalier, voici monseigneur le comte de Vermandois qui a daigné accepter mon invitation, et veut bien honorer de sa présence le chapitre de l'Ordre.

— Monseigneur, reprit le chevalier de Tilladet qui s'était avancé le premier, nous allons vous porter de si furieuses santés, que vous en irez jusqu'à cent ans!

— Monseigneur, je réclame la faveur

d'être placé à votre droite, dit le duc de Grammont qui était encore ivre de la veille, car mes ancêtres ont toujours tenu la droite près des rois.

— Votre Altesse royale, dit le marquis de Biran, nous apporte-t-elle la soif d'un vrai Templier?

— Chers frères, dit le comte de Marsan, je propose de célébrer dignement la réception de Son Altesse...

— Messieurs, interrompit le chevalier de Lorraine, j'ai le regret de vous annoncer que nous n'aurons pas le bonheur

de posséder longtemps Son Altesse, qui
s'en retourne dans une heure à Fontainebleau.

— Dans une heure! répétèrent beaucoup de mécontents : on ne déjeûnera
donc pas?

— On n'en déjeûnera que mieux, mes
frères, repartit le chevalier; nous mettrons les morceaux doubles, et nous ne
laisserons pas une minute reposer les
bouteilles ni les verres.

— Dépêchons-nous de commencer la
fête, mes petits mignons! s'écria un per-

sonnage qui avait le privilége d'être écouté comme un oracle dans les Académies du Temple.

C'était lui qu'on nommait le *fameux* Manicamp. Il n'avait pas moins de six pieds de haut; sa carrure d'épaules, son embonpoint et la grosseur de sa tête de Polyphème, étaient à l'avenant de sa taille gigantesque.

Cette taille l'avait fait distinguer du roi, quand il fut admis dans la seconde compagnie des mousquetaires, et il était devenu lieutenant de cette compagnie, quoique sans fortune et d'une noblesse assez équivoque. Il devait au jeu les moyens de soutenir son grade et de faire figure à la cour, car il gagnait toujours, même quand il était ivre.

S'il passait pour beau joueur, il était encore meilleur buveur : on n'avait jamais réussi à le faire tomber sous la table.

Les Templiers prirent séance, chacun à son rang, sous la surveillance du marquis de Biran, qui remplissait les fonctions de maître d'hôtel.

Le comte de Vermandois occupait la place d'honneur, entre le chevalier de Lorraine et le duc de Grammont.

Le chevalier se leva d'un air solennel ; tous les convives se levèrent ensuite, excepté le prince, qui les regardait faire et qui se sentait mal à l'aise au milieu d'eux.

— Mes frères, dit le chevalier, que nos cœurs se rapprochent comme nos verres ! Nous sommes ici tous égaux sous la juridiction du temple de Bacchus. Aimons-nous, aidons-nous les uns les autres, en buvant à l'envi, et rendons grâces à la sage Providence, qui a créé le vin et la soif. *Amen.*

Amen! murmurèrent à la fois tous les Templiers, en remplissant leurs verres.

Après cet étrange *Benedicite,* qui semblait être le commencement des profanations et des sacriléges, le comte de Vermandois fut tenté de sortir de table; mais le chevalier de Lorraine le retint, en lui versant à boire.

— Monseigneur, lui dit-il à voix basse, vous ne ferez pas à ces braves gentilshommes l'affront de vous retirer sans avoir gouté leur vin !

Le prince, cédant à l'empire étrange que le chevalier de Lorraine avait toujours eu sur lui, prit machinalement son verre et le porta à ses lèvres sans les y tremper.

Ce geste fut le signal d'une joyeuse acclamation de la part des convives, qui entrechoquèrent leurs verres en cadence et les vidèrent d'un seul trait.

Alors les portes latérales s'ouvrirent, et les frères servants, qui n'étaient autres que des valets de confiance, portant la livrée des Templiers, c'est-à-dire la robe de laine blanche avec l'une des quatre couleurs du jeu de cartes, attachée comme un blason sur la poitrine, apportèrent des viandes sur les tables et les découpèrent très habilement devant chaque convive.

— Nous avons des écuyers tranchants! dit le chevalier de Lorraine au prince,

qui s'étonnait de ce bizarre cérémonial ;
mais nous n'avons pas d'échansons.

— Pourquoi cela? demanda le prince,
pendant que le duc de Grammont lui
remplissait son verre jusqu'aux bords.

— L'action de manger est moins noble
que celle de boire, répondit le chevalier.

— Un valet peut nous servir à manger,
mais nous n'acceptons à boire que de
la main d'un frère. Ici nous sommes tous
frères et tous buveurs.

Le comte de Vermandois eut voulu être

déjà loin de cette compagnie d'ivrognes;
mais il ne put faire autrement que de
goûter au vin, et aussitôt les acclamations
recommencèrent en son honneur.

Il ne s'aperçut pas qu'il vidait son verre,
parce qu'on prenait soin de le remplir
dès qu'il le replaçait sur la table.

Il ne s'aperçut pas davantage que ce
verre contenait la moitié d'une bouteille.

— Faites venir de l'eau, dit-il tout bas
au chevalier de Lorraine. J'ai l'habitude
de mouiller mon vin et celui-ci a des fu—
mées qui me montent au cerveau.

— Ah! de grâce, Monseigneur, reprit le chevalier, ne nous deshonorez pas en mettant de l'eau dans votre vin! Ce serait un affront pour l'Ordre des Templiers.

Le prince se dit, à part lui, que, faute d'eau, il s'abstiendrait de boire; mais il avait une si grosse faim, qu'il mangea de grand appétit et qu'il dut, bon gré mal gré, recourir encore à son verre pour se désaltérer, car tout ce qu'il avait mangé, tout ce qu'il mangeait, ce n'était que de la chair de porc.

— Dieu me pardonne! dit-il avec surprise : vous m'avez fait manger plus de salaison, que je n'en mangerai ma vie durant!

— Nous ne mangeons pas autre chose dans nos repas de Templiers, repartit le duc de Grammont : c'est manière d'aiguiser la soif.

— On ne vous accusera pas, du moins, d'être juifs! dit le prince en riant.

Et il vida de nouveau son verre, pour amortir l'incendie que la chair salée avait allumé dans son gosier et dans son estomac.

— Le porc est l'animal par excellence,

reprit le chevalier de Lorraine avec le
ton et le geste d'un prédicateur; tout en
est bon.

— Monseigneur, dit un frère servant
à l'oreille du prince, il est deux heures!

Le comte de Vermandois tressaillit : il
avait reconnu la voix de Moufle, il avait
compris cet avertissement.

Il essaya de se lever; le chevalier de
Lorraine le retint par le bras.

— Monseigneur, lui dit-il, mon carrosse

n'est point arrivé, mais il ne tardera guères.

La résolution du prince qui voulait partir fut noyée dans le vin.

On buvait autour de lui avec une ardeur intrépide, et les verres, qui avaient la capacité des coupes antiques, ne restaient jamais plein sur la nappe.

Le prince, pour répondre aux santés qu'on lui portait à la ronde, était forcé d'avoir toujours le verre à la main et à la bouche.

Il avait la tête forte et l'estomac solide ; mais il n'était point accoutumé, comme ses voisins de table, à cette absorption immodéré de liquide spiritueux empruntés aux crûs les plus renommés de la France et de l'Espagne.

Les Templiers passèrent en revue dix ou douze espèces de vins, sans les distinguer entre eux, même par leurs noms, car le but de cette association bachique n'était pas de savoir déguster et apprécier le vin, mais souvent d'en boire beaucoup.

Le comte de Vermandois avait fini par boire comme les autres et autant que les autres.

— Monseigneur, lui dit à l'oreille le frère servant qui lui avait dejà parlé, il est six heures !

Le prince n'aurait pas eu, cette fois, la force de se lever, mais il en eut l'intention.

— Chevalier, dit-il d'une voix peu intelligible à son voisin de gauche, où est le carrosse ?

— Sous la remise, reprit le chevalier de Lorraine, et les chevaux à l'écurie.

Le comte de Vermandois se mit à rire et s'arma de son verre.

— Frère! cria d'une voix de Stentor le fameux Manicamp, qui n'avait encore rien dit, parce qu'il n'avait fait que boire, je propose de recevoir Templier notre très cher frère, monseigneur de Vermandois!

Cette boutade, par trop familière, rappela au fils de Louis XIV ce qu'il était, et il eut la volonté de répondre en prince à l'impertinent interlocuteur, mais sa langue était collée à son palais, et ne put articuler aucun son.

— Il est temps de jouer, s'écria le chevalier de Lorraine ; nous reboirons après.

— Monseigneur, dit encore le frère servant à l'oreille du prince, il est huit heures!

Mais le comte de Vermandois n'entendait plus rien que le tumulte confus de tous les convives qui sortaient de table, riant, criant, chantant tous à la fois.

En un moment, les tables furent desservies, et l'on remplaça les verres et les bouteilles, les assiettes et les plats, par des cartes, des dés, des jetons et des boîtes de jeu.

Le prince n'aurait pas eu la force de se

lever : il resta donc assis à la même place, et les plus gros joueurs se groupèrent autour de lui.

Il avait fait serment de ne plus jouer jamais, depuis la triste expérience qu'il avait faite du jeu, la première fois qu'il y fut entraîné par le chevalier de Lorraine.

Mais le vin lui fit oublier son serment; il joua et il perdit comme la première fois.

Son ivresse ne se dissipait pas cependant; il ne pouvait prononcer un mot, et il n'entrevoyait les couleurs des cartes, qu'à travers un nuage qui, par intervalles, obscurcissait entièrement sa vue.

La passion du jeu s'était réveillé en lui avec plus de fureur, et il s'acharnait à jouer, quoiqu'il perdit coup sur coup des sommes considérables.

Le chevalier de Lorraine, le duc de Grammont et d'autres joueurs, lui avaient fourni d'abord, à titre de prêt, quelques milliers de louis, que le jeu avait bientôt fait retourner en leurs mains, et qu'ils avaient, par de nouveaux prêts successifs, réintégrés dans les siennes, où l'or ne restait pas longtemps.

— Monseigneur, dit le frère servant à l'oreille du prince, il est minuit !

— Pardieu ! s'écria le comte de Vermandois, à qui l'impatience et le remords rendirent la parole : je ne sortirai de céans qu'après avoir regagné ma mise.

Il perdait alors trois mille louis environ, quatre-vingts livres, qui représentent, au cours actuel de l'argent, plus de trois cent mille francs.

Les Templiers ne songeaient plus à boire, mais à jouer, et pas un ne bronchait en tenant les cartes, tant était grande leur habitude du jeu.

On ne chantait plus, on ne criait plus, on ne riait plus : chacun était absorbé par son gain ou par sa perte; chacun attentif et impassible aux décisions du sort.

Le chevalier de Lorraine avait gagné vingt mille louis; Manicamp, dix mille; le comte de Marsan, cinq mille.

Tous les autres perdaient, mais tous avaient l'espoir de changer la veine. On joua ainsi jusqu'au jour, en doublant, en triplant, en décuplant les mises.

— Monseigneur, il est six heures du

matin! dit Moufle, toujours vêtu de la livrée des frères servants, grâce à laquelle il pouvait pénétrer dans la salle du Chapitre.

Le comte de Vermandois perdait trente mille louis.

Il n'était presque plus ivre; mais la rage du jeu arrivait chez lui à un paroxisme qui ressemblait à du vertige et à de la folie.

— Nous verrons, dit-il, si la fortune ne se lassera pas de m'être contraire!

— J'aime cette obstination chez un fils

de France! reprit le chevalier de Lorraine, en ramassant une pile de louis qui
faisait l'enjeu du prince.

— Messieurs! dit à voix haute le comte
de Vermandois, plus animé que jamais :
vous me trouverez bon, j'espère, pour tout
ce que je voudrai perdre sur parole.

— Monseigneur, répondit Tilladet, qui
se fit l'interprète de la compagnie, on vous
prêterait vingt millions sur votre part de
la couronne de France.

—Frères, cria Manicamp en frappant
du poing sur la table, à boire!

Aussitôt, les frères servants parurent avec des verres et des bouteilles, qui furent distribués devant les joueurs et qui se mêlèrent aux cartes, aux dés, aux jetons, aux monceaux d'or.

Le verre du comte de Vermandois fut le premier que dix mains s'empressèrent de remplir.

Il le vida en deux traits ; mais il le retrouva plein, comme par enchantement. et il le vida une seconde fois.

Des acclamations unanimes accueillirent cette prouesse de buveur.

— Monseigneur, il est midi! murmura timidement à son oreille le fidèle Moufle, qui désespérait d'arracher son maître à cet enfer.

— Que le diable t'emporte! s'écria le comte de Vermandois, que la voix de son valet de chambre avait troublé dans son jeu.

Moufle baissa la tête et s'enfuit, sans oser revenir à la charge.

Le brelan devenait plus redoutable à chaque instant : les poules étaient de cinq ou six cents louis ; le prince tenait toutes les sommes qu'on voulait, et il perdait avec une incroyable persévérance.

On lui versait sans cesse à boire, et il buvait toujours. Il n'avait plus la conscience de ce qu'il faisait, et pourtant il jouait encore.

On n'eut pas pitié de lui ; on ne le laissa pas échapper à ce coupe-gorge. Moufle errait comme une âme en peine dans la salle sous prétexte d'y apporter des bouteilles pleines ; mais il ne s'approchait plus du prince, et il le regardait de loin avec une douleur impuissante.

Le comte de Vermandois ne demanda

pas grâce à ses bourreaux : il joua, il but,
tant qu'il eut la force de lever son verre
et de tenir ses cartes.

Il avait perdu un million, sans le savoir.

— Remettons-nous à table, hurla le
fameux Manicamp, et trève au brelan
pour aujourd'hui, mes très chers et très
honorés frères!

On fit disparaître en un clin d'œil tout
l'appareil du jeu et surtout l'argent. On
étendit les nappes sur les tapis verts, et
l'on y servit à profusion des saucisses, des

jambons, des boudins et les plus indiges-
tes métamorphoses de la chair de porc.
On vit apparaître aussi une armée fraîche
de bouteilles.

Le prince était pâle, les yeux hagards,
la bouche entr'ouverte.

— Voici l'heure de procéder à la réception du nouveau frère Templier ! cria Manicamp.

Il alla chercher dans un coffre une couronne et un sceptre en cristal. Il posa la
couronne sur la tête du prince ; il lui mit
le sceptre dans la main.

Le comte de Vermandois avait l'air d'un automate qui n'attendait que l'impulsion d'un ressort pour se mouvoir et agir.

— Frère, ne laissez rien au fond du verre! dit Manicamp au récipiendaire en lui présentant une coupe d'argent ciselé qui débordait.

— Monseigneur, ajouta le chevalier de Lorraine en ricanant, ne laissez pas choir votre sceptre et votre couronne!

Le prince n'eut pas plus tôt haussé la coupe jusqu'à ses lèvres, que ce dernier effort lui fit perdre l'équilibre : son front s'inclina sous le poids de la couronne de cristal, en même temps que ses mains abandonnaient le sceptre et la coupe, qu'elles ne pouvaient plus soutenir.

La coupe se répandit en tombant sur la nappe; le sceptre et la couronne se brisèrent en éclats sur le plancher.

IX

La garde-malade.

Le comte de Vermandois avait failli
mourir des suites de l'affreuse orgie à laquelle il s'était trouvé mêlé malgré lui.

Après trois jours d'absence on l'avait

ramené, dans un état déplorable au château de Fontainebleau.

Il n'avait pas encore repris ses sens, et les médecins qui furent appelés déclarèrent que si l'on parvenait à lui conserver l'existence, on ne lui rendrait pas la raison.

En effet, cette longue et lugubre léthargie, produite par l'ivresse, aboutit à un délire presque furieux, accompagné de crises nerveuses épouvantables.

Pendant quinze jours entiers, le malheureux jeune homme fut en proie à une

folie véritable, qui ne faisait que s'accroître et se caractériser d'une manière plus
effrayante, car il se figurait toujours,
dans ces accès de démence, être en butte
avec les bourreaux qui avaient abusé si
cruellement de son inexpérience et de sa
faiblesse.

L'état du malade, loin de s'améliorer,
s'aggravait, et le médecin Fagon, qui
était accouru de Versailles par ordre du
roi pour diriger le traitement, avait an--
noncé la veille qu'une congestion céré-
brale pouvait se déclarer d'un instant à
l'autre et déterminer la mort.

Il y avait trois jours à peine que la mère

du jeune prince avait été avertie. On ne lui avait rien caché de la situation réelle de son fils. C'était le roi lui-même qui lui avait transmis un bulletin très alarmant, qu'il venait de recevoir de Fagon.

La duchessè de La Vallière avait demandé et obtenu sur-le-champ, de la supérieure du grand couvent des Carmélites de Paris, la permission de quitter momentanément sa cellule et de se transporter auprès du malade à Fontainebleau.

Quant à Louis XIV, loin de souhaiter voir son fils, il avait ordonné qu'on ne lui en parlât plus, sous aucun prétexte.

Le prince avait passé une nuit affreuse,
poussant des cris inarticulés, provoquant
et assaillant des ennemis invisibles , se
tordant en convulsions.

Il s'était élancé plusieurs fois hors de
son lit, et il se serait jeté par la fenêtre,
si Mouffle, qui le veillait jour et nuit, ne
l'avait arrêté, en le saisissant par le milieu du corps, pour le forcer à se recou-
cher.

Mais le malade n'avait pas reconnu son
valet de chambre, et la violence même
qu'il croyait subir encore de la part des
Templiers ne fit qu'ajouter à l'exaltation
et au trouble de ses idées.

Cependant, après des spasmes et des scènes de frénésie, qui se terminèrent par un évanouissement complet, il était tombé dans une prostration de forces absolue, laquelle aboutit à un sommeil accablant et plein de rêves pénibles.

Ce sommeil, qu'on pouvait considérer toutefois comme le prélude d'une crise favorable, car le malade n'avait pas dormi une heure depuis quinze jours et quinze nuits, ce sommeil se prolongea fort avant dans la matinée.

Il semblait devenir plus calme et plus bienfaisant, sous l'influence de la tendresse inquiète d'une mère qui priait.

Un rayon de soleil qui se glissa entre les tentures d'une fenêtre, où les volets intérieurs avaient été entr'ouverts, pénétra sous le baldaquin du lit et illumina le visage blême et inanimé du malade endormi.

Sa mère, qui le gardait, tantôt assise et tantôt agenouillée au chevet de son lit, tourna les yeux vers lui en ce moment et trembla en le voyant aussi pâle, aussi défait, aussi complétement immobile, que s'il eût cessé de vivre.

Elle se leva précipitamment avec effroi, et son livre d'heures tomba de ses genoux

sur le tapis, en produisant un bruit sourd
et funèbre.

— Louise ! dit le malade, que ce bruit
n'avait pas réveillé, quoique ses oreilles
en eussent été frappées.

Le duchesse de La Vallière, entendant
son nom sortir de la bouche de son fils, se
persuada que le jeune prince avait pu la
reconnaître et se rendre compte de sa
présence auprès de lui. Elle en éprouvait
un vif sentiment de plaisir et de joie.

Mais la réflexion vint modérer aussitôt
ce sentiment, qu'elle se reprocha comme

un remords ; elle s'humilia devant Dieu,
en soupirant.

Elle comprima sur-le-champ ce ressou-
venir trop profane de son ancien rôle de
mère et elle fit un signe de croix, comme
pour chasser une inspiration du démon.

Puis, ayant refermé doucement le ri-
deau de brocart à fleurs d'argent, pour in-
tercepter les rayons du soleil, elle ra-
massa son livre et se remit en prières.

Mademoiselle de Lavallière, qui n'était
plus que *sœur de la Miséricorde* depuis qu'elle
avait pris le voile aux Carmélites de la

rue Saint-Jacques, en 1675, n'avait pas
encore atteint l'âge où le cœur s'endurcit
et se détache de toute affection mondaine
pour s'ensevelir dans l'égoïsme ou dans
l'ascétisme.

Elle était restée mère, sous sa robe de
religieuse; elle avait même conservé, bien
malgré elle, et peut-être à son insu, quelque chose de la femme et de l'amante.

Elle ne parvenait pas, après plus de
sept ans passés dans la solitude du cloître,
à oublier qu'elle avait aimé et que l'objet
de cet amour unique et immense était un
roi!

Elle se souvenait aussi, et sans cesse, de ses enfants, de son fils surtout; et c'était là son remords perpétuel, car la pensée de ses enfants ne pouvait pas se séparer de celle de ses fautes, qu'elle expiait par les larmes, la prière, le jeûne, les macérations et le repentir, sans espérer les effacer jamais.

Elle avait alors trente-sept ans, et la vie monastique, loin de lui faire cette vieillesse anticipée qui résulte souvent des souffrances et des privations physiques autant que des tortures et des amertumes morales, semblait avoir rajeuni et ravivé sa beauté, en lui laissant l'expression tendre et mélancolique qui en faisait le charme au temps de sa liaison adultère avec Louis XIV.

Sauf la perte de sa fraîcheur, naguère si brillante, à laquelle avait succédé une pâleur mate et légèrement jaunâtre, la finesse de ses traits, l'éclat de sa peau, le gracieux ovale de sa figure, le corail de ses lèvres, le regard suave et langoureux de son grand œil brun, n'avaient pas changé sous le voile noir de la Carmélite.

Grâce à l'ombre que ce voile jetait sur sa douce et calme physionomie, on ne remarquait pas même qu'elle avait été marquée de petite vérole ; on devait seulement

regretter de ne plus admirer le reflet doré
de ses cheveux blonds que la règle de
Sainte-Thérèse lui commandait de cacher
éternellement aux yeux du monde.

Le costume religieux, qu'elle portait
avec aisance et simplicité, ne lui était pas
moins avantageux que naguère les habits
de cour les plus magnifiques ; l'ampleur
de sa robe de grosse laine brune permet-
tait de croire qu'elle avait pris de l'embonpoint : la longueur de cette robe, battant
sur ses talons, empêchait de voir qu'elle
boîtait, en donnant de la majesté à sa démarche vacillante.

Ses bras, qu'on accusait jadis d'être plats

et maigres; sa taille, qu'on avait soupçon-
née de n'être pas parfaitement droite, dis-
paraissaient et prenaient de l'harmonie
sous les plis ondoyants de son manteau
blanc, qu'elle drapait par-dessus son sca-
pulaire pareil à la robe.

— O mon Dieu! dit-elle à demi-voix,
avec l'élan d'une invocation spontanée :
rends la santé à ce pauvre enfant, qui
n'est pas responsable du crime de sa naissance !

C'est ainsi que cette bonne et pieuse
mère appelait, sur son fils, en s'accu-
sant elle-même, la main protectrice de la
Providence.

Elle était, à chaque instant, distraite dans sa lecture par une pensée de crainte ou d'espoir, qui reportait ses yeux inquiets vers le lit du malade ; par moments, elle s'imaginait qu'il avait fait un mouvement ou proféré une plainte : elle se levait tout émue et se penchait sur lui pour s'assurer qu'il dormait encore.

Elle contemplait alors avec attendrissement et mélancolie la noble figure du jeune homme endormi, dans les traits duquel se réflétaient ceux du roi.

— Ma chère Louise ! murmura le prince, qui, dans son rêve, s'adressait à mademoiselle de Chantemerle : soyez tranquille, j'ai trop souffert loin de vous !... Je ne vous quitterai plus !

— Que dit-il là ? se demanda la duchesse de La Vallière avec anxiété. C'est mon nom qu'il prononce, et ce n'est point à moi qu'il parle, cependant !

— Vous avez cru que je vous trahissais ! reprit, toujours rêvant, le malade, que ce sommeil bienfaisant avait ramené par degrés à un ordre d'idées plus douces et moins turbulentes.

— Il parle à une femme ! s'écria la religieuse, en s'approchant, l'oreille ouverte, pour ne rien perdre des paroles qui s'échappaient lentement des lèvres du dormeur.

— Moi, vous trahir ! moi, vous oublier ! continua-t-il d'un ton de tendre reproche.

— Il aime ! se dit tout bas sa mère, stupéfaite et affligée.

— Je vous ai fait un serment, et je le tiendrai ! disait-il, paraissant être dans un état de lucidité mentale, qui ressemblait à un accès de somnambulisme.

En parlant ainsi, il s'était mis tout à coup sur son séant, et il semblait étendre les bras vers la personne dont il avait cru voir l'image et entendre la voix.

Mais ses lèvres s'agitaient, sans former aucun son ; ses yeux restaient fermés : il ne s'éveillait pas encore.

— Louise, pourquoi vous éloignez-vous de moi ? disait-il tristement.

— Elle se nomme Louise... comme sa pauvre mère !... dit, en soupirant, Sœur Louise de la Miséricorde.

— Vous épouser ?... Hélas ! je ne le puis pas ; mais je n'en épouserai pas d'autre...

— Quelle est donc cette femme ? se demanda la religieuse, qui se sentit troublée d'un retour de vanité mondaine, et qui rougit aussitôt de cette faiblesse.

— Oh ! que je voudrais n'être qu'un simple gentilhomme et vous avoir pour femme !

— C'est un amour indigne de lui ! se dit à elle-même la duchesse de La Vallière : c'est peut-être un amour coupable ! Si cette femme n'était pas libre!... Il me plaît de croire plutôt que c'est une pure et modeste fille, dont il s'est épris, et qui l'aime, la malheureuse!

— N'insistez plus pour savoir qui je suis!... Plaignez-moi! plaignez-moi!...

— L'aurait-il séduite, ô ciel! Elle ne soupçonne pas qu'elle aime un fils de roi!

— Votre père? répliqua le comte de Vermandois, qui avait l'air de répondre à une question qu'on venait de lui faire. Ne pleurez pas de la sorte, puisqu'il est sauvé !

— Ce ne sont que des propos sans suite et sans objet ! pensa la religieuse, qui cherchait à se rassurer. Il rêve, et son cerveau se crée mille fantômes qui n'ont jamais existé.

— N'ai-je pas obtenu sa grâce ? s'écriat-il d'une voix tremblante.

— Dois-je l'éveiller ? se demandait sa mère, indécise et tourmentée.

— L'acte d'amnistie a été signé ! poursuivait-il avec une agitation croissante. M. Colbert me l'a donné pour en faire usage ! cet acte est signé par le roi et par M. Colbert !

— C'est un rêve bien pénible, il faut l'en arracher... Louis, mon fils !

— Qui m'appelle ? dit le prince, rouvrant ses yeux égarés... Ah ! qui donc m'a dérobé ce parchemin ? ajouta-t-il, en promenant ses mains crispées sur ses couvertures... je le tenais tout à l'heure !... je l'avais caché dans mon pourpoint !... Je ne le trouve plus... Il me le faut, pourtant !... Moufle, qu'en as-tu fait ?... Moufle !...

Moufle, qui reposait tout habillé dans un cabinet contigu à la chambre de son maître, ne fit qu'un bond de son lit au lit du prince.

C'était la première fois, depuis l'orgie des Templiers, qu'il entendait son nom prononcé par le comte de Vermandois.

— Monseigneur, me voici! s'écria-t-il, pleurant de joie. Que m'ordonne Votre Altesse?

L'apparition subite de Moufle, le son de sa voix répondant à l'appel et à la pensée

du prince, produisirent une révolution
soudaine dans l'état du malade et firent
tomber à l'instant, comme un voile de
deuil, les nuages qui enveloppaient sa
raison.

— Mon brave Moufle, lui dit le prince
avec son accent de bienveillance ordinaire, donne-moi des nouvelles...

Mais il n'en put dire davantage, et il
oublia tout à coup ce qu'il avait voulu
dire : ses regards, en se portant vers son
valet de chambre, étaient tombés sur la
carmélite qui, debout au pied du lit, le regardait en silence avec une ineffable expression de bonheur.

Il crut d'abord qu'un spectre se dressait devant lui, et il fit un geste d'épouvante.

Le spectre ne disparut pas, mais son aspect n'avait rien de menaçant ni de sinistre.

Le comte de Vermandois ne reconnaissait pas sa mère : il ne l'avait pas revue depuis sept ans, et il ne l'avait jamais vue, d'ailleurs, en habit de carmélite.

Il savait sans doute que sa mère vivait encore, qu'elle s'était retirée dans un couvent et qu'elle y avait pris le voile; mais

on ne lui avait jamais donné des idées
précises à cet égard, et toutes les personnes qui l'entouraient, depuis son gouverneur jusqu'à ses valets de chambre, s'é-
taient conformées assez scrupuleusement
à l'ordre du roi, qui leur avait fait une loi
de ne jamais parler au prince, soit de la
duchesse de La Vallière, soit de sœur
Louise de la Miséricorde.

Ce n'était pas que le prince ne fût curieux d'apprendre les circonstances qui
avaient déterminé sa mère à quitter la
cour et le roi, pour prendre le voile dans
un couvent; il avait souvent interrogé et
questionné les gens de son entourage,
sans obtenir les renseignements exacts

qu'il désirait; il s'était alors consulté lui-
même sur un sujet qu'il ne pouvait connaître que d'après des conjectures plus ou
moins problématiques, et il avait fini par
se faire, à part lui, une opinion qui tou-
chait en quelques points à la vérité.

Ainsi, en voyant madame de Montespan et
madame de Maintenon se disputer les bonnes grâces de Louis XIV et occuper l'une
après l'autre la place de favorite, il n'avait
pas eu de peine à deviner que sa mère, qui
était favorite avant elles, devait avoir souffert de l'inconstance et de l'injustice du
roi; il en avait conclu que la duchesse de
La Vallière, sacrifiée à une rivale, et peut-
être chassée par son royal amant, n'avait

trouvé qu'un couvent pour refuge et Dieu pour consolateur.

Il ne pardonnait donc pas à Louis XIV les torts qu'il lui supposait envers elle ; il n'avait jamais eu d'ailleurs l'affection d'un fils pour le roi, qui n'avait eu pour lui celle d'un père que dans les années de sa première enfance, et qui était devenu froid, sévère, dur et infléxible, depuis que sa mère n'était plus là pour le protéger.

Il conservait au fond de l'âme une tendresse exquise pour cette excellente mère, qu'il avait perdue depuis sept ans, comme si la mort la lui eût enlevée pour toujours.

Il l'avait à peine connue cependant, car l'étiquette de la cour et les difficultés d'une position délicate n'avaient pas permis à la duchesse de La Vallière de garder ses enfants près d'elle et de les faire élever sous ses yeux ; mais le comte de Vermandois, qui l'avait toujours chérie, environnait son souvenir d'un culte mystérieux d'admiration et de respect.

C'était surtout, dans ses entretiens avec son confesseur, l'abbé Gofas, qu'il avait appris à aimer et à respecter sa mère.

L'abbé Gofas avait été choisi par la duchesse de La Vallière, elle-même, pour

être placé comme précepteur auprès du fils
qu'elle abandonnait à la grâce de Dieu, en
se consacrant à la vie religieuse. Mais ce
digne et pieux écclésiastique était bien
vieux et bien cassé par l'âge : il n'avait pu
suffire à tous les devoirs de sa mission pénible et délicate ; il avait dû y renoncer,
après quelques années d'exercice, et il
était resté le confesseur du prince, auquel
il inspirait autant de confiance que de vé-
nération.

Depuis plusieurs mois, le pauvre abbé
Gofas se trouvait retenu dans son lit par
la goutte, et le comte de Vermandois ne
s'était pas confessé dans tout cet intervalle
de temps.

Quand l'abbé Gofas avait su que son ancien élève était dangereusement malade,
sans connaître l'origine de cette maladie,
il s'était fait transporter dans l'appartement du prince, qui ne le reconnut pas, et
qui l'acueillit avec des injures et des me-
naces.

L'abbé put se convaincre que le jeune
homme n'était pas en état de recevoir les
secours et les consolations de la religion.
Il écrivit alors à la duchesse de la Vallière,
pour lui annoncer cette douloureuse nouvelle.

La lettre de l'abbé Gofas, plutôt encore

que le bulletin de Fagon, envoyé par le
roi, avait déterminé Sœur de la Miséricorde à se rendre immédiatement à Fontainebleau.

Elle tremblait surtout que son fils, dont
les fautes et les désordres l'avaient tant
affligée, ne fût appelé à comparaître devant Dieu, sans s'être réconcilié avec lui.

Mais depuis l'arrivée de cette pauvre
mère, le délire du malade, délire qui n'a-
vait pas cessé un instant, n'eût point permis l'intervention d'un prêtre auprès de
lui, et, en outre, l'abbé Gofas, par suite
de l'effort qu'il avait fait pour venir assis-

ter son pénitent au lit de la mort, s'était vu dans l'impossibilité absolue de renouveler une semblable tentative.

La duchesse de La Vallière lui avait donc demandé de désigner lui-même un prêtre qui pourrait le suppléer au besoin. L'abbé Gofas, après deux jours d'incertitude ou d'hésitation, avait fait écrire à l'abbé Cornouaille, vicaire de Saint Eustache à Paris.

— O mon Dieu ! que m'annonce cette apparition ? s'écria le prince, qui croyait rêver encore, et qui mettait sa main devant ses yeux pour ne pas voir ce fantôme habillé de noir et de blanc.

— Le ciel a-t-il exaucé mes prières? murmura la religieuse en joignant les mains avec terreur. Mon fils recouvrera-t-il la raison ! Mon fils vivra-t-il !

— Qui parle ainsi? demanda le jeune homme, dans l'âme duquel la voix de sa mère avait ressuscité tout à coup une foule de souvenirs d'enfance.

— Comme il me regarde! se disait cette mère, tremblante d'émotion.

— Je ne rêve pas ! disait le prince, qui n'osait encore se fier à la réalité de ce qu'il voyait. Tout à l'heure, c'était un songe, un songe affreux !...

— Recommandez-vous au Seigneur, mon enfant ! lui dit avec une angélique douceur la carmélite, qui se faisait violence pour ne pas se jeter dans les bras de son fils. Priez-le de vous donner la force de sortir victorieux de cette terrible lutte ! Priez, mon cher enfant, et j'unirai mes prières aux vôtres !

— Je vous écoute, madame, avec ravissement ! Votre voix me remue jusqu'au fond du cœur, car elle me rappelle la voix de ma mère...

— Vous n'avez donc pas oublié ma voix, mon cher Louis ?

— Que dites-vous, madame ? Est-il possible que vous soyez !...

— Votre mère ; votre malheureuse mère !

— Vous êtes ma mère, et vous ne m'avez pas encore pressé sur votre cœur !

— En ai-je le droit ? reprit-elle en se parlant à elle-même, et ne serait-ce pas retomber dans le péché que j'expie, que j'expierai jusqu'à mon dernier soupir ?

— Si vous êtes vraiment ma mère, ne me laissez pas en cette cruelle anxiété...

— Si je suis ta mère ! s'écria-t-elle, cédant à l'impulsion qui l'entraînait vers son fils.

— Oh ! oui, vous êtes bien ma mère, ma bonne mère ! disait-il en lui baisant les mains avec transport. Je vous reconnais maintenant !

— Mon fils, mon cher fils ! répétait-elle, en le couvrant de baisers.

— Depuis tant d'années que je suis sé-

paré de vous, je vous appelais sans cesse,
je vous attendais toujours!... L'abbé Gofas
ne vous l'a-t-il pas dit?...

— L'abbé Gofas me donnait souvent de
vos nouvelles, mon cher enfant; mais
j'avais fait à Dieu mon sacrifice, le sacrifice le plus grand, le plus redoutable qui
soit au monde : je m'étais condamnée à ne
plus vous voir !

— Quoi! c'était de votre pleine volonté
que vous aviez pris cette rigoureuse résolution! Je m'étonne que vous ayez eu le
courage de la tenir!... Quant à moi, si
j'avais su pouvoir me rapprocher de vous,

j'aurais traversé les déserts et les mers;
j'aurais franchi toutes les distances, af-
fronté tous les dangers, renoncé à toutes
les faveurs de la fortune, accepté toutes
les épreuves!...

— Pauvre cher enfant, combien de fois
mon âme a-t-elle été troublée en pensant
à toi !

— Mais qu'étiez-vous devenue!... Vous
n'aviez pas quitté la France, en quittant la
cour?... Que faisiez-vous loin de moi?...
Et moi, que faisais-je loin de vous!...

Pressée de questions qui l'embarras-

saient, quoiqu'elle sentît le besoin d'y répondre pour se justifier aux yeux de son
fils, elle détourna la tête en rougissant,
pour cacher ses larmes.

Moufle s'était discrétement retiré, afin
de la laisser seule avec son fils.

— Pourquoi m'avez-vous abandonné?
lui demanda tendrement le comte de Vermandois, qui lui tenait les mains dans les
siennes, en la regardant avec bonheur.

— Je n'avais plus rien à faire pour vous
en ce monde, mon enfant, que de prier, et

d'attirer par là les bénédictions de Dieu sur votre tête, ainsi que son pardon sur la mienne !

— En m'abandonnant de la sorte, vous m'avez livré aux persécutions de mes ennemis et aux injustices du roi.

— Le roi, mon fils, ne saurait être injuste, puisqu'il est votre père !

— Il a cessé de me traiter en père, depuis que vous n'êtes plus là pour lui rappeler que je suis son fils.

— Vous avez eu, sans doute, de grands torts qui l'ont irrité contre vous... Le roi est sévère ; il a été quelquefois infléxible, mais il est juste, mais il est bon...

— Madame, interrompit le prince qui n'osait pas protester tout haut contre cet éloge du roi, je respecte les ordres de Sa Majesté et je m'y soumets, sans prétendre les juger... Mais parlez moi de vous, de vous seule ? Dites-moi que vous m'avez quitté malgré vous pour obéir au roi ? Dites-moi que vous ne me quitterez plus !

— Je ne puis dire cela ! reprit tristement sœur Louise de la Miséricorde.

— Et pourquoi ne le diriez-vous pas ?...
Vous devez donc encore me quitter ?

— Mon fils, répondit-elle avec une douleur résignée, je suis religieuse professe
au grand couvent des Carmélites de Paris.

FIN DE LA PREMIÈRE PARTIE.

DEUXIÈME PARTIE

DEUXIÈME PARTIE

1

Au sortir d'un rêve.

On gratta timidement à la porte de la chambre du comte de Vermandois.

La duchesse de La Vallière n'aurait rien entendu, si elle n'eût pas été constamment préoccupée de l'espérance de voir

arriver, d'un instant à l'autre, Louis XIV
à Fontainebleau.

Elle n'osait point souhaiter de se retrouver vis-à-vis du roi, mais néanmoins
elle sentait que ce serait pour elle un
triomphe et une consolation de reparaître
devant lui en habit de Carmélite.

Elle essuya donc ses yeux et composa
son maintien, pour n'être pas surprise au
milieu d'un accès de faiblesse maternelle
et de sentiments mondains.

On gratta une seconde fois, puis une
troisième.

Ce n'était pas le roi qui se fût annoncé ainsi; ce ne pouvait pas être même un personnage bien considérable; car, suivant l'étiquette, un grand seigneur eût frappé, au lieu de gratter, pour se faire introduire.

— Entrez! dit d'un ton d'autorité le comte de Vermandois, que ce bruit à la porte impatientait.

La duchesse de La Vallière avait eu le temps de ramener son ample voile sur son visage et de s'y ensevelir presque tout entière, de manière que les formes de son corps ne se dessinaient pas sous les plis de ses vêtements de laine.

lmmobile au chevet du malade, elle ressemblait à un spectre voilé.

La porte s'était ouverte, et M. de Périgny avait fait deux pas dans la chambre.

— Monseigneur, dit-il, c'est M. le marquis de Monchevreuil qui m'envoie prendre de vos nouvelles pour les faire passer au roi...

— Qu'on fasse savoir à Sa Majesté, reprit le prince, qu'il a suffi de la vue de ma mère pour me guérir !

La religieuse tressaillit et voulut s'opposer à l'exécution de cet ordre du prince.

— Mon fils, dit-elle à voix basse, je ne suis plus de ce monde, et il est inutile que le roi sache que votre maladie m'a fait sortir de mon tombeau.

— Monseigneur, ajouta le sieur de Périgny, M. le marquis de Monchevreuil réclame l'honneur de voir Votre Altesse Royale...

— Dites à M. de Monchevreuil, repartit brusquement le comte de Vermandois, que vous m'avez vu, que je vous ai parlé et que je ne suis pas encore près de mourir.

— Si Votre Altesse Royale daigne permettre que je lui tienne compagnie ?...

— Non, monsieur, répliqua vivement le prince, personne, excepté ma mère !

Le sieur de Périgny s'inclina respectueusement et sortit à reculons.

— Vous ne montrez point assez de déférence pour les gens de votre maison, dit la duchesse de La Vallière à son fils. Vous auriez pu traiter avec moins de rudesse ce pauvre valet de chambre...

— Ce valet de chambre, dit en riant le prince, n'est autre que mon sous-gouverneur !

— C'est là manquer, vraiment, à tout ce que vous devez au roi et à vous-même.

— J'ai seize ans, madame, répondit le comte de Vermandois avec une fermeté douce et fière à la fois ; à cet âge, les enfants de France ne dépendent plus que d'eux-mêmes et du roi. C'est donc me faire injure que de me laisser encore sous la tyrannie de ces gouverneur et sous-gouverneur, qui ne sont que des espions de madame de Maintenon et des courtisans de monseigneur le Dauphin.

On frappa un coup sec à la porte, et l'on
entendit la voix de Moufle, qui protestait
tout haut contre l'invasion violente d'un
nouveau venu.

— Vous voyez, madame, dit le prince
avec dépit, que je n'ai pas même la liberté
de fermer ma porte aux importuns!

Le comte de Vermandois, fatigué d'é-
motions, avait reposé sa tête sur l'o-
reiller.

Moufle n'eut pas le pouvoir de retenir à
la porte le personnage qui persistait à
entrer, et qui entra en maître.

— Par la mordïeu! dit ce dernier en faisant trois pas dans la chambre; monseigneur, j'ai pensé que, pour vous guérir, il ne fallait que vous conter quelques bons contes, et je vous apporte ma panacle.

C'était le chevalier de Lorraine, le visage enluminé, les yeux brillants, la démarche avinée, à moitié ivre.

— Chevalier, lui dit sévèrement le prince, je vous prie de vous retirer, car j'ai grand besoin de repos, et je ne suis point en état de parler avec vous.

— Faites sortir cet homme! dit, d'un

accent solennel et avec un geste impé-
rieux, la duchesse de La Vallière.

Le chevalier de Lorraine venait de tourner les yeux vers cette religieuse, qu'il
n'avait pas d'abord aperçue, et qui semblait lui apparaître tout à coup.

Madame de La Vallière l'avait reconnu,
et aussitôt elle s'était effrayée des dangers
que pouvaient courir l'honneur et la mo-
ralité de son fils sous la détestable influence de cet homme perdu de vices, et
capable de tous les crimes.

Le chevalier de Lorraine la reconnut

en même temps, et, terrifié des regards de mépris qu'elle lui lançait, il s'empressa de se retirer, en rougissant de honte et de colère.

Au moment de sortir de la chambre, il releva la tête avec impudence, et, jetant sur la mère et le fils un coup d'œil dédaigneux, il eut l'air de les braver.

— Sortez ! lui cria le comte de Vermandois, qui fit un mouvement pour s'élancer hors de son lit.

— Nous nous reverrons, monseigneur,

dit insolemment le chevalier de Lorraine,
quand vous serez seul! Alors nous ferons,
s'il vous plaît, le compte de vos dettes de
jeu.

Il sortit bruyamment, et la porte, qu'il
tira derrière lui avec fracas, ne couvrit pas
les éclats de rire insolents dont il accompagnait sa retraite.

— Voilà un drôle qui mériterait les étri-
vières! murmura le prince indigné.

— Comment! mon fils, dit la religieuse
avec un sentiment de douloureuse sur-

prise, comment faites-vous compagnie avec de pareilles gens ?

— Je ne le vois pas souvent, par bonheur, répondit-il, honteux de l'amitié qu'il avait accordée au chevalier de Lorraine. Certes, je ne le verrai plus !

— C'est ce méchant homme qui vous a donné déjà de si mauvais conseils et de si mauvais exemples ?

— Je l'avouerai à ma honte !

— C'est lui qui vous a entraîné dans la société des libertins et des joueurs ?

— Toujours malgré moi, je vous jure ; mais il avait pris sur ma volonté un si prodigieux ascendant, qu'il m'aurait conduit à ma perte, sans que j'eusse la force de lui résister.

— Rappelez-vous, mon cher enfant, pour vous défendre des embûches de cet infâme, rappelez-vous qu'il a prêté les mains à l'empoisonnement de madame Henriette d'Angleterre !

— Ah ! madame, est-il possible que le chevalier de Lorraine soit un empoisonneur !

— Il emploierait aussi le poison contre

vous, s'il était intéressé à vous faire disparaître de ce monde.

— Ma mort ne lui serait d'aucun profit ! répliqua le prince, qui était devenu pensif, et qui se souvenait vaguement de son orgie chez les Templiers.

— Il suffirait que votre mort pût être profitable à quelqu'un... au Dauphin ou au duc du Maine, dit madame de La Vallière, qui devenait également pensive et soucieuse.

— Je n'en mourrai pas toujours pour

cette fois! reprit le comte de Vermandois en souriant, comme pour rassurer sa mère.

En ce moment la mémoire lui revenait par degrés, et il eut la conscience d'un grand danger qu'il aurait couru dans une académie de jeu, où l'avait introduit le chevalier de Lorraine. Il se demanda si l'on n'avait pas cherché à l'empoisonner.

— Il vous a parlé de vos dettes de jeu? dit tout à coup avec inquiétude madame de La Vallière.

— Je ne sais trop ce qu'il a prétendu par là! repartit vivement le prince.

— Il semblerait que vous auriez joué,
et que vous auriez perdu sur parole?

— J'ai joué, en effet ; mais je serais fort
en peine de dire ce qui en a été.

— Il est probable que vous avez perdu
de grosses sommes, et que M. le chevalier
de Lorraine s'était chargé de vous les
réclamer?

— Il faut que ce soit cela, et je crains
d'avoir perdu beaucoup plus que je ne
puis payer!...

Le comte de Vermandois retrouvait,

dans ses souvenirs confus et à demi-
effacés, quelques chiffres redoutables des
sommes qu'il avait empruntées pour les
jouer et les perdre avec ceux qui les lui
prêtaient.

Son front s'était rembruni, et il se
sentait aller de la tristesse au découra-
gement.

— Je souffre à l'idée que vous deviez la
moindre somme au chevalier de Lorraine!
dit madame de La Vallière. Il importe de
vous acquitter envers ce méchant.

— J'ai peur de lui devoir beaucoup, car

on jouait gros jeu, et l'on a joué longtemps.

— Ah ! si le roi le savait, il ne vous le
pardonnerait pas.

— Je ferai tout au monde pour que le
roi ne le sache point : j'engagerai, s'il le
faut, ma pension pendant six mois ; j'em-
prunterai aux usuriers...

— N'imaginez pas de nouvelles folies
pour remédier aux anciennes ! Vous devez, je paierai !

— Je suis bien malheureux ! s'écria-t-il

avec amertume ; je vous cause un chagrin cruel et, sans doute, un embarras excessif le propre jour où je me réjouis de vous avoir revue !

— Enfin, quelle somme pourriez-vous devoir au chevalier de Lorraine ?

— A lui et à d'autres qui jouaient avec moi, deux ou trois mille louis.

— Deux ou trois mille louis ! répéta la duchesse de La Vallière en joignant les mains.

— Davantage peut-être, car je n'avais

plus ma raison, et je suis tenu de payer,
sans mot dire, tout ce qu'on voudra me
réclamer comme dette de jeu.

— Hélas ! que n'ai-je encore des joyaux
et des pierreries ! je les vendrais sur-le-
champ !

La pauvre Carmélite se demandait tout
bas comment elle parviendrait jamais à
couvrir les dettes de son fils ; des larmes
roulaient dans ses yeux et tombaient sur
sa robe de bure.

On avait gratté doucement à la porte.

Ce fut le comte de Vermandois qui entendit ce léger bruit, et qui ordonna d'entrer.

Moufle parut, le visage consterné et l'air tout décontenancé.

— Madame, dit-il en regardant le comte de Vermandois, M. l'abbé Cornouaille, vicaire de Saint-Eustache de Paris, sollicite de vous quelques moments d'entretien?

— L'abbé Cornouaille! s'écria le prince, à qui ce nom n'était pas inconnu.

— Je sais ce dont il s'agit, reprit la duchesse de La Vallière : M. l'abbé Cornouaille est un digne et vertueux ecclésiastique, qui vient de la part de M. l'abbé Gofas.

— Cet abbé Cornouaille n'est-il pas un ministre protestant? demanda le prince, qui se rappelait confusément que mademoiselle de Chantemerle lui avait parlé d'un ministre de la religion réformée, portant ce nom-là.

— Un ministre protestant! répéta la religieuse, scandalisée. Êtes-vous encore hors de sens, et songez-vous. C'est le vicaire de Saint-Eustache, un excellent

prêtrè, qui sera votre directeur de conscience pendant la maladie de M. l'abbé
Gofas.

Le comte de Vermandois était tombé
dans une muette et sombre rêverie : le
nom de l'abbé Cornouaille avait réveillé
dans son esprit un nouvel ordre d'idées et
de souvenirs.

Il pensait à mademoiselle de Chantemerle, et cette pensée absorba toutes les
autres.

— Je vais conférer avec l'abbé Cornouaille, dit madame de La Vallière.

— Je l'ai prié d'attendre dans le cabinet de travail de Son Altesse Royale? dit Moufle, qui suivait des yeux, sur les traits du prince, le progrès visible d'une angoisseuse préoccupation.

— Je ne ferai pas une longue absence, reprit la religieuse, en s'adressant à Moufle, mais, toutefois, vous demeurerez ici jusqu'à ce que je revienne, et vous aurez soin que personne n'approche de Son Altesse et ne lui parle.

Elle craignait le retour du chevalier de Lorraine, qui lui était apparu comme le corrupteur et le bourreau de son fils.

Dès que madame de La Vallière fut sortie de la chambre, le comte de Vermandois, qui feignait de s'endormir, se souleva brusquement sur son lit, en appelant Moufle qu'il ne voyait plus, car le fidèle valet de chambre était allé sans bruit s'asseoir derrière les rideaux.

— Me voici, monseigneur ! s'écria-t-il en accourant avec précipitation.

— Sommes-nous seuls ? demanda doucement le prince.

— Oui, monseigneur, j'avais cru que Votre Altesse venait de s'assoupir...

—Hélas! grand Dieu! je n'ai dormi que trop longtemps! je ne me suis éveillé que trop tard!... Ah! mon pauvre Moufle, ajouta-t-il en poussant un profond soupir, qu'est devenue mademoiselle de Chante-merle, depuis que je suis là, couché dans ce lit, sans connaissance, sans mémoire, sans raison!

—Rassurez-vous, monseigneur, je vous en conjure!

— C'est une idée à me rendre fou! Il y a six jours peut-être que je ne l'ai vue... Six jours d'absence!... Je n'ai pas encore re-couvré toutes mes facultés, tout mon ju-gement...

— Votre Altesse a été, en effet, terrible-
ment malade !

— Mes souvenirs sont comme brisés et
j'ai peine à les rattacher l'un à l'autre...

— Il faut du calme, beaucoup de calme,
monseigneur.

— Du calme? Est-ce possible, quand je
songe que mademoiselle de Chantemerle
m'attend !

— Elle prendra patience, monseigneur,

elle se résignera, en sachant que vous ne l'oubliez pas.

— L'oublier! J'étais donc bien malade, que je ne t'ai point donné ordre de lui porter de mes nouvelles?

— Vous me l'avez donné, cet ordre, monseigneur, ou bien j'ai deviné que vous vouliez me le donner...

— Est-il vrai, mon ami, que tu sois allé de ma part à l'Ermitage?

— Sans doute, monseigneur. Eh! si je

n'y fusse point allé que serait-il arrivé de
ces deux pauvres femmes ?

— Oh! que je te remercie de cette
preuve de dévoûment!

— Elles étaient mortellement inquiètes,
je vous jure, quand je suis venu le cin-
quième jour...

— Elle sont restées ainsi, seules et sans
nouvelles, pendant cinq grands jours !

— L'une pensait que vous étiez mort ;

l'autre, que vous deviez être empêché par la force des choses.

— Qu'as-tu dit à mademoiselle de Chantemerle, pour m'excuser et pour la tranquilliser ?

— Je lui ai dit que vous aviez été pris d'une maladie soudaine, et que les médecins vous prescrivaient de garder le lit sous peine d'exposer votre vie.

—Et de quel air mademoiselle de Chantemerle a-t-elle reçu cet avis?

— De l'air le plus désolé du monde. Ses pleurs n'ont pas cessé de couler.

— Mais tu ne l'as pas laissée, du moins, dans cette douleur et ce désespoir ?

— Je ne lui disais pas la vérité, monseigneur, car je feignais d'être tout à fait rassuré sur le compte de cette maladie, tellement que je lui promettais, chaque jour où je l'allais visiter de votre part, de vous amener le lendemain même.

— Combien de fois lui as-tu manqué de parole à cet égard ?

— Sept ou huit fois, monseigneur.

— Eh quoi! s'écria la prince avec cons-
ternation. Je suis donc malade depuis huit
jours ?

— Depuis quinze ou seize...

— O mon Dieu! voilà quinze ou seize
jours que Louise ne m'a vu ! murmurait le
comte de Vermandois dont le trouble et
l'agitation ne faisaient que s'accroître.

— Je vous supplie, monseigneur, de ne
pas vous émouvoir de la sorte.

— Pourquoir ne m'avoir pas averti ? demanda-t-il d'un ton fâché. Pourquoi n'avoir pas seulement prononcé à mon oreille le nom de mademoiselle de Chantemerle ? Je l'aurais entendu, ce nom, qui m'eût rappelé mon serment et mon amour !

—Vous avez souvent répété le nom de Louise, pendant votre délire...

— Mon délire?... J'étais donc en délire ? Je ne me rappelle rien de l'état où je me trouvais alors... Il y a, dans ma mémoire, une lacune pleine d'angoisses et de ténèbres... Que s'est-il passé depuis cette fatale journée ?

— Du moment où vous avez rencontré
M. le chevalier de Lorraine sur le Pont-
Neuf?

— Oui, je me souviens... Il se fait par
degrés une vague et faible lumière dans
mon esprit.

— A partir de ce moment-là, monseigneur, vous n'avez pas été maître de vous-
même... Il semblait que vous fussiez pos-
sédé du démon.

— Je doute que le démon soit plus mal-
faisant que le chevalier de Lorraine?... Il

m'a conduit, de gré ou de force, dans une de ses Académies de Templiers ?

— Rue des Marais, au faubourg Saint-Germain.

— Il ne voulait, disait-il, que me faire déjeûner avec lui ?

— C'est dans un abominable coupe-gorge qu'il a mené Votre Altesse Royale.

— Il m'a fait boire, il m'a fait jouer ?

— Votre Altesse n'avait plus la tête à

elle ; Votre Altesse était dans un état horrible...

— Les misérables m'avaient enivré !

— Je les suppliais d'avoir pitié de vous :
ils me menacèrent de leurs épées ; ils me
chassèrent, en vomissant d'atroces blas-
phèmes !

— Ne pouvais-tu pas courir chercher
main-forte, appeler les passants à mon
aide?

— Ah ! monseigneur, j'étais enfermé

dans cette caverne, et, comme je m'indi-
gnais de ces violences, les valets me frap-
pèrent à coups de bâton !

— N'est-ce pas toi qui venais sans cesse,
en habit de Templier, pendant l'orgie,
pour m'inviter à partir?

— J'avais choisi ce parti afin de pouvoir
m'approcher de vous, et j'étais là pour
vous défendre...

— Ils n'avaient pas probablement de
mauvais desseins contre ma vie?

— Je ne sais, monseigneur, répondit
Moufle en hésitant, mais je suppose cependant qu'ils avaient jeté dans votre verre
une poudre qui vous ôta la raison...

— Quelle infernale machination ! s'écria
le prince, épouvanté du péril auquel il
avait échappé.

— Je n'ai pas, je dois le dire, la preuve
de cette espèce d'empoisonnement... Certes, si j'avais vu une main criminelle
mettre quelque chose dans le vin qu'on
vous versait, je vous aurais arraché le
verre pour vous empêcher d'y boire ! J'aurais bu moi-même à votre place, pour faire
l'essai du breuvage.

— Je veux tout savoir, Moufle ; ne me
cache rien de ce que tu as vu.

—· J'ai vu un complot, monseigneur, un
complot détestable... qui n'avait peut-être
pour objet que de vous déranger l'esprit,
afin de vous mieux voler au jeu.

Le comte de Vermandois poussa un long
soupir et s'affaissa sur son oreiller.

Moufle se reprocha d'en avoir trop dit, et
il essaya de revenir peu à peu sur une
demi-révélation qui avait profondément
impressionné le prince.

— Je n'étais peut-être pas capable de bien juger ce que je voyais!... reprit-il, en pesant chacune de ses paroles. J'avais alors une si grande inquiétude et de telles appréhensions, que je m'exagérais les choses et que je découvrais des piéges dans tout ce qui entourait Votre Altesse Royale...

— Je ne puis cependant, dit le prince, qui paraissait répondre à une question qu'il s'adressait intérieurement, je ne puis soupçonner tous ceux qui étaient là?

— Assurément, monseigneur, il y avait là des gens de qualité qui n'avaient d'autre tort que d'être en assez mauvaise compagnie.

— Le chevalier de Tilladet? le duc de Grammont? le marquis de Biran ?

— J'estimerais même que M. le chevalier de Lorraine ne prétendait rien que vous pousser à boire.

— Le chevalier de Lorraine, interrompit vivement le prince, est-il toujours des familiers du Dauphin?

— Il ne quitte ni jour ni nuit monseigneur, qui ne voudrait pas chasser, ni jouer sans lui.

— Le Dauphin réside donc à Fontainebleau ?

— Oui, monseigneur, à cause des chasses dans la forêt.

— J'imagine plutôt que c'est pour voir de plus près en quel état je suis.

—Monseigneur le Dauphin a fait de-

mander sans cesse des nouvelles de Votre
Altesse...

— Je ne serais point étonné que M. le
chevalier de Lorraine en eût fait demander aussi?

— M. le chevalier de Lorraine s'est pré-
senté, en effet, tous les jours à votre porte
pour vous voir.

— A coup sûr, il espérait qu'il y appren-
drait, le premier, ma mort!

— Je ne crois pas que la vie de Votre

Altesse ait été jamais sérieusement mena-
cée...

— Toujours est-il que, pendant quinze
jours et quinze nuits, j'ai été privé de
connaissance et peut-être de sentiment.

— Je n'ai pas dit cela, monseigneur !...
Mais Votre Altesse était bien malade.

— Dieu merci ! tu as eu la bonne pensée
d'aller à l'Ermitage de la Madeleine...

— Le plus qu'il m'a été possible de le

faire, le soir ou la nuit, lorsque vous reposiez, et que votre assoupissement semblait devoir se prolonger. Je plaçais près de vous le second valet de chambre, et, sous prétexte de prendre moi-même un peu de repos, je sortais du château par les écuries, et je courais au galop jusqu'à l'Ermitage, où j'apportais des provisions fraîches, comme à l'ordinaire.

— Je reconnaîtrai quelque jour ce dévoûment, mon brave Moufle.

— Ma récompense, monseigneur, est dans la joie que je ressens de l'approbation que vous daignez accorder à ma conduite.

— La première fois que tu iras à l'Ermitage, j'y viendrai avec toi.

— En ce cas-là, monseigneur, je n'irai point avant que vous soyez rétabli.

— Nous irons cette nuit même !

— Non, sur mon âme, monseigneur ; je ne donnerai pas les mains à une pareille imprudence !

— Tu vois bien que je suis remis en santé, et que j'ai repris courage.

— Vous n'êtes plus, il est vrai, en l'état où vous étiez hier encore, et nous avons maintenant l'espoir de votre prochain rétablissement ; mais je ne serai pas complice…

— C'est assez ! interrompit le prince avec vivacité : j'irai seul, si vous refusez de me suivre.

— Monseigneur, vous ne me chargerez pas d'une si grave responsabilité !

— Assez ! vous dis-je ; nous avons, vous et moi, le loisir d'y penser ; mais sachez

seulement que, dût-il m'arriver malheur,
il faut que je voie mademoiselle de Chantemerle !

— Il y aurait moins d'inconvénients à
la faire venir ici.

— Ce serait donc pour lui montrer qui
je suis réellement... Non, il vaut mieux
que j'aille la trouver... Ce soir, je ferai
semblant de vouloir dormir pour éloigner
ma mère ; tu fermeras les portes de mon
appartement, et nous partirons ensemble
à cheval.

— Vous n'aurez jamais la force de vous
tenir en selle, monseigneur ?

— Silence ! j'entends ma mère qui revient.

Ce ne pouvait être qu'elle, en effet, car l'entrée de la chambre du comte de Vermandois était interdite à tous les officiers de sa maison, et l'huissier, qui gardait la porte à l'extérieur, n'eût pas même laissé pénétrer, jusqu'au prince, le médecin du roi.

Madame de La Vallière sortait de la conférence secrète qu'elle avait eue avec l'abbé Cornouaille : elle paraissait très émue, très agitée, très préoccupée.

— Mon cher enfant, dit-elle à son fils

en lui souriant avec une douceur mélancolique, il est urgent que j'aille à Versailles trouver le roi...

— A Versailles, madame! s'écria le
comte de Vermandois, intrigué et surpris.

— C'est à votre sujet, mon fils, que j'ai
besoin de parler à Sa Majesté! Je veux
remplir un devoir de mère, avant de retourner à mon couvent.

collègue; il est urgent que j'aille à Versailles trouver le roi.

— A Versailles, Madame! s'écria le
comte de Vermandois, intrigué et surpris.

— C'est à votre sujet, mon fils, que j'ai
besoin de parler à Sa Majesté! Je veux
remplir un devoir de mère, avant de retourner à mon couvent.

II

Le château de Marly.

Le roi avait fait, ce jour-là, un voyage
à Marly après avoir dîné à Versailles.

C'était la première fois qu'il allait à
Marly depuis la mort de la reine.

Il n'avait donc désigné que fort peu de

personnes pour l'accompagner dans ce voyage, car il ne venait cette fois à Marly qu'avec l'intention de voir les travaux qui s'exécutaient dans le château et dans le parc.

Arrivé de bonne heure, seul dans sa calèche, il avait trouvé le nouveau surintendant de ses bâtiments, M. de Louvois, et son architecte ordinaire, Hardouin Mansart, qui l'attendaient à la première grille du château.

Madame de Maintenon, qui avait obtenu à grand'peine la permission de voyager seule dans son carrosse fermé, ne devait arriver que pour le souper du roi.

Dès que Louis XIV eut mis pied à terre, en disant à Louvois et à Mansart, qui le saluaient profondément : *Le chapeau, messieurs!* pour les inviter à se couvrir, il commença de parcourir en tous sens les allées du parc, qu'il avait déjà remué et bouleversé de fond en comble trois ou quatre fois.

Il marchait d'un bon pas, précédant toujours son ministre et son architecte, qui s'essoufflaient à le suivre.

Il examinait tout, il étudiait tout, il se rendait compte de tout.

Il parlait peu : d'un mot, d'un geste, il indiquait un changement à faire dans la direction d'une allée, dans la pente d'un talus, dans la plantation d'une charmille, dans la distribution des eaux artificielles.

Le marquis de Louvois hasardait çà et là quelques observations ; mais le plus souvent il approuvait sèchement la justesse du coup d'œil et la richesse de l'imagination de son auguste maître.

Mansart admirait aussi avec des formules plus adulatrices, en s'empressant de marquer sur le plan qu'il tenait à la main toutes les corrections et additions dont il laissait l'initiative à Louis XIV.

Il y avait alors plus de deux mille ouvriers de tout genre répandus sur les 3,765 arpents qui formaient le parc de Marly. On travaillait à la fois au parterre, aux bosquets, aux berceaux, aux bassins, aux cascades, aux statues, aux pavillons.

Le roi allait et venait au milieu des jardiniers, des terrassiers, des plombiers, des sculpteurs, des maçons, sans regarder personne, sans adresser la parole à personne, sans prendre garde à personne, comme s'il se fût trouvé seulement vis-à-vis des arbres, des pierres et des eaux.

Cette promenade au grand air, sur des

terrains inégaux, défoncés et humides, dura plus de quatre heures consécutives, sans que Louis XIV manifestât le désir ou le besoin de se reposer un moment.

Il portait le grand habit de deuil, avec le cordon bleu sur sa veste de satin noir brodée en soie de même couleur; ses boucles de souliers et de jarretières, ses boutons et ses agrafes de pourpoint, son nœud de chapeau à plumet noir, étaient en jayet mêlé de quelques diamants.

Il s'appuyait sur une haute canne de jonc à pomme d'or.

Le mouvement qu'il s'était donné en visitant les travaux avait activé le cours du sang dans ses veines et allumé les couleurs de son teint.

Ses yeux étaient plus brillants, sa bouche plus vermeille qu'à l'ordinaire.

Il avait aussi la tête plus droite et plus haute, la démarche plus vive et plus délibérée, le geste plus prompt et plus brusque.

Il semblait avoir rajeuni tout à coup, et on le retrouvait tel qu'on se souvenait de l'avoir vu, beau et bien fait, ardent et impétueux, à l'époque de ses amours avec mademoiselle de La Vallière.

Aussi Louvois et Mansart n'avaient pas manqué de le féliciter au sujet de sa bonne mine et de sa bonne santé.

C'était là l'espèce de félicitation que Louis XIV entendait avec le plus de plaisir.

— Le mur qui joint ces deux pavillons est désagréable à voir? dit le roi, qui revenait vers le château, par l'allée du Belvéder.

— On y peindra quelque chose! répondit Louvois d'un ton grondeur. J'ai expressément recommandé qu'on ne laissât aucun pan de muraille sans décoration peinte.

— Il y aura justement sur ce mur blanc, reprit Mansart, une perspective de la main de M. Jacques Rousseau, de l'Académie royale de peinture.

— Quelle rage vous avez, répliqua Louvois, d'employer des protestants aux bâtiments du roi !

— Quoi ! dit Louis XIV avec méconten-

tement, il est des protestants jusque dans
mon Académie de peinture?

— M. Colbert n'y prenait pas garde,
Sire ; mais nous remédierons à ces inconvénients, et M. Rousseau voudra bien renoncer à la religion prétendue réformée
ou à l'Académie.

— J'aurai grand soin, dit Mansart, qu'il
ne travaille à sa fresque qu'en l'absence
de Votre Majesté.

— Eh ! qui donc a peint l'architecture
de mon grand pavillon? demanda le roi.
Ces pilastres, ces trophées et ces devises
ont très bon air.

— Quant à ce peintre-là, repartit Mansart, c'est un excellent catholique, M. Jean
Jouvenet. Votre Majesté a jugé tout d'a-
bord que l'auteur de cette fresque ne pouvait être un huguenot.

— Vous aussi, monsieur Mansart, vous
êtes un bon catholique, dit Louvois avec
sa grimace maussade et hargneuse; on
s'en aperçoit aux belles choses que vous
faites.

—Vous me flattez, monseigneur, répondit l'architecte : je ne fais rien qu'exécuter
de mon mieux les ingénieux desseins de
Sa Majesté.

— Tenez! s'écria le roi, qui voulut jus-

tifier sur-le-champ l'éloge qu'on lui adressait au sujet des ses inventions archi-
tecturales ; puisque notre gros pavillon
représente le palais du Soleil...

— Le palais de Thétis! interrompit Louvois.

— Thétis ou le Soleil, peu importe, répliqua Mansart; le Soleil, selon la fable,
sort du sein de Thétis, à son lever, et
y retourne à son coucher.

— On mettra donc, continua le roi, sur
l'attique qui couronne ce pavillon, une
rangée de cassolettes en pierre, d'où sorti-
ront des flammes pareillement en pierre.

— J'aimerais mieux, dit Louvois, des vases de fleurs en pierre ou en marbre.

— Les flammes conviennent mieux au palais du Soleil, reprit Mansart.

— Ce n'est pas le palais du Soleil, vous dis-je, mais celui de Thétis.

— On pourrait, repartit le roi, entremêler les cassolettes de tritons et de dauphins?

— Non, Sire, objecta Louvois; je ne veux pas placer des dauphins sur les toits.

Louis XIV, blessé d'une réflexion critique qui dérangeait l'économie de ses projets de décoration, se détourna brusquement et se mit à mesurer avec sa canne les degrés d'un des quatre grands perrons du pavillon royal.

— Je me trompe fort, dit-il d'un air capable, ou voici un perron qui n'est pas à sa place.

— M. le marquis de Louvois l'avait fait enlever hier, répondit humblement Mansart; on l'a reconstruit cette nuit, un peu trop à la hâte, il est vrai.

— Que trouvez-vous à redire à ce perron ? répliqua Louvois, décidé à rompre en visière au roi et à lui tenir tête.

— Je ne vous conseille pas de défendre votre perron, dit le roi en ricanant ; il n'est pas posé d'aplomb, et il a l'air de vouloir descendre d'un côté dans la rivière.

— Je soutiens, moi, reprit Louvois avec obstination, que ce perron est ce qu'il doit être.

— Il doit donc, à votre avis, dit froidement le roi, être mal ordonné et mal construit.

Mansart n'avait point osé prendre part

au débat qui s'élevait entre le roi et son
ministre ; mais, par ses gestes et ses jeux
de physionomie, il s'efforçait de rester
neutre dans la querelle, en se ralliant
tour à tour à l'opinion de l'un et de l'autre.

Louis XIV s'était remis à lever des me-
sures avec sa canne, lorsque le maréchal
de La Feuillade accourut vers lui, en an-
nonçant de loin, par des signes de surprise et d'émotion, qu'il était chargé de
remplir une mission bien extraordinaire.

Il s'arrêta et retint un cri prêt à sortir
de sa bouche, dès qu'il se fut assez appro-
ché pour voir que le roi ne prenait pas
garde à lui et ne paraissait nullement disposé à lui donner audience.

— Monsieur le surintendant des bâtiments, disait Louis XIV avec la morgue et
la pédanterie d'un professeur de géomé-
trie, trois toises six pouces deux lignes à
droite; trois toises cinq pouces à gauche.

— Votre Majesté, reprit Louvois avec
raideur et frappant du pied, me permettra
de ne pas me fier à sa canne.

— Comment! vous n'êtes pas encore
convaincu, et c'est moi qui ai tort!

— Je ne dis pas que vous ayez tort,
Sire, mais je dis que votre canne n'a pas
raison.

— Diable d'homme! murmura le roi,

on le briserait; on ne le ferait pas plier.

Il était rouge de colère et il haussait les épaules, en se détournant, pour ne pas éclater. Il aperçut alors le duc de La Feuillade, qu'il ne savait pas là.

— Que faites-vous ici, monsieur? lui dit-il de mauvaise humeur : venez-vous pour écouter les furieuses contradictions de M. de Louvois?

— Sire, reprit le maréchal de La Feuillade, une nouvelle qui vous étonnera fort: madame la duchesse de La Vallière est à Marly!

— Madame de La Vallière! s'écria le
roi, frappé de stupeur.

— Elle-même, en habit de Carmélite.
Je l'ai rencontrée qui descendait de carrosse.

— Je ne la verrai pas, je ne veux pas la
voir !

— Faut-il, Sire, lui porter cette réponse
de la part de Votre Majesté ?

— Non, monsieur... Je m'en vais repar-
tir pour Versailles.

— Sire, la voilà qui s'en vient vous chercher jusque dans les jardins !

— Puisque le roi ne veut pas la voir ni lui parler !... dit brutalement Louvois, qui fit un mouvement pour aller au-devant de la religieuse.

— C'est mon affaire et non la vôtre ! reprit le roi, qui l'empêcha de donner suite à son intention. Messieurs, ajouta-t-il en se dirigeant vers l'allée du Belvéder, faites écarter tout le monde et que nul ne soit si hardi, que de s'avancer à plus de cent pas !

Il fit semblant de ne pas avoir reconnu

madame de La Vallière, qui était entrée dans le parc pour l'y chercher, et il s'enfonça seul dans l'allée des charmilles, qui conduisait au Belvéder.

— Il faut envoyer quérir sur l'heure madame de Maintenon ? dit tout haut Louvois, qui avait tourné le dos au roi, et qui s'en allait, en grommelant, du côté des écuries.

Louis XIV s'était enfoncé dans l'allée et longeait les charmilles, pour gagner le Belvéder, espèce de butte factice formant un labyrinthe planté de buis et de pins, au centre de cette allée qu'elle dominait.

Il hâtait le pas, comme s'il eût voulu se

soustraire à la poursuite de la religieuse qu'il avait aperçue, à travers les berceaux, avant que celle-ci pût le voir.

Mais aussi, par intervalles, il ralentissait sa marche et tournait la tête, avec curiosité, pour s'assurer qu'elle ne le suivait pas.

Deux fois il s'arrêta, et il eut l'air de revenir lentement vers les pavillons. Puis, par une brusque résolution, il se jeta dans un sentier de traverse et disparut.

L'architecte Mansart était resté, ses plans à la main, auprès du maréchal de La

Feuillade, qui attendait de pied ferme la
duchesse de La Vallière.

— Monsieur Mansart ! dit le maréchal,
pour entamer un entretien étranger à la
situation, j'ai le dessein de faire élever, à
mes frais, dans la ville de Paris, un magni-
fique monument en l'honneur des victoi-
res de Sa Majesté.

— Cela se peut faire, monsieur le duc !
reprit Mansart qui avait changé d'air et
de ton, depuis que le roi s'était éloigné, et
qui devenait aussi hautain, aussi rogue,
qu'il était tout à l'heure humble et obsé-
quieux en présence de Louis XIV.

— J'ai déjà trouvé l'inscription de mon

monument, dit le maréchal qui ne perdait
pas de vue le costume noir et blanc de la
carmélite, qu'il voyait disparaître et reparaître derrière les feuillées.

— L'inscription n'est pas mon affaire,
mais bien le monument.

— Voici cette inscription, qui vous don-
nera l'idée de ce que je veux faire : VIRO
IMMORTALI, c'est-à-dire : au Demi-Dieu, à
l'Homme-Dieu !

— Je vous proposerai de bâtir, pour
votre inscription, une manière de temple.

— Ce serait trop païen ; je préfère une

place de figure ronde, avec de grands hôtels tout à l'entour, lesquels auront au
centre une statue colossale de Sa Majesté.

En ce moment, la duchesse de La Vallière, qui avait parcouru les allées de la
rivière et de la grande cascade, en cherchant le roi et ne l'apercevant nulle part,
vit le duc de La Feuillade et Mansart, debout et causant ensemble, au bas d'un
perron du château.

Elle ne les reconnut pas d'abord, mais
elle s'avança vers eux pour leur demander
en quel endroit du parc se trouvait le roi.

L'abbé Cornouaille, son bréviaire sous

le bras, marchait en arrière, pensif et re-
cueilli.

Mansart ne la voyait pas venir, occupé
qu'il était de tracer au crayon un plan ana-
logue à celui que le duc de La Feuillade
avait l'intention d'exécuter.

Le duc la voyait, mais faisait semblant
de ne pas la voir.

— Les bâtiments qui regardent la place
sont de même symétrie, disait Mansart ;
les façades extérieures sont ornées d'un
ordre ionique en pilastres...

— J'aime étrangement les pilastres, interrompit le duc, et il me semble que Sa Majesté les aime aussi. Nous en mettrons partout. Vous plaît-il de me dire ce que c'est qu'un pilastre?

— C'est une colonne carrée, répondit doctoralement l'architecte, avec base et chapiteaux, d'ordinaire engagée dans la muraille et faisant saillie de quelques pouces. Il faudra choisir entre l'ordre ionique et l'ordre dorique.

— Monsieur le duc, dit tout à coup madame de La Vallière, qui avait reconnu le maréchal de la Feuillade, de quel côté se promène le roi?

— Il n'est pas certain que le roi se pro-

mène ? répondit le maréchal, en évitant de
reconnaître la duchesse de la Vallière et
lui parlant sans la regarder.

— J'ai hâte de le trouver cependant, reprit la religieuse avec un ton d'autorité
que tempérait sa douceur, et je vous prie
de m'y aider, monsieur le duc.

Le maréchal s'inclina respectueusement ; mais, au lieu de se porter vers l'allée où le roi était entré, il s'en alla d'un
pas lent et indécis du côté de la salle des
gardes.

Madame de La Vallière, ne sachant
comment s'orienter, dans ce parc qu'elle

ne connaissait pas et qui sortait à peine
du chaos, s'était arrêtée auprès de Mansart, qui l'avait saluée, mais qui ne lui
adressait pas la parole.

— Monsieur Mansart, lui dit-elle avec
bonté, faites-moi le plaisir de m'enseigner
où est le roi?

Mansart salua de nouveau et indiqua du
geste le chemin que Louis XIV avait pris.

— Est-il seul? demanda la duchesse de
La Vallière.

Mansart salua encore en signe d'affir-
mation, mais ne desserra pas les lèvres.

— Allons ! dit-elle en montrant la route
à l'abbé Cornouaille : puisque le roi est
seul, c'est Dieu qui nous prépare les voies,
c'est Dieu qui nous ménage cette entrevue !

La duchesse de La Vallière se sentait
encore animée d'une ardeur et d'un courage, qu'elle puisait dans le sentiment de
la maternité et peut-être dans le souvenir
de son ancien amour.

Mais quand elle pensa qu'elle allait tout
à coup paraître devant le roi, quand elle
se dit que chaque pas qu'elle faisait en
avant, la rapprochait d'un moment tant
de fois désiré et redouté depuis qu'elle

avait prononcé ses vœux, elle éprouva
une défaillance morale et physique.

Si l'abbé Cornouaille n'eût pasé té derrière elle, il est probable qu'elle aurait
renoncé à son dessein, et qu'elle se serait
retirée sans avoir vu Louis XIV.

Chacun de ses pas retentissait dans son
cœur : sa bouche se séchait, ses yeux se
voilaient, elle ralentissait sa marche de
plus en plus, elle respirait à peine.

Soudain, au détour d'un sentier, elle se
trouva en face du roi qui revenait machinalement et qui souhaitait de la rejoindre

bientôt, en n'ayant pas l'air de la chercher.

Dès qu'il l'aperçut à peu de distance, il
ôta son chapeau avec les marques d'une
politesse respectueuse, et le tint à la main,
en s'inclinant à plusieurs reprises, sans
fixer les yeux sur elle.

La religieuse ne répondit pas à ce salut ;
elle était dominée par une si grande émotion, qu'elle n'avait pas même la force de
la cacher.

Elle serait tombée raide, si elle ne s'é-
tait point appupée contre le piédestal d'un
vase de marbre

Les larmes roulaient dans ses yeux, les sanglots lui montaient à la gorge.

Elle ne leva point son voile qui couvrait sa pâleur et sa rougeur alternatives.

Louis XIV n'était pas moins ému qu'elle, quoique l'expression froide et calme de son visage déguisât complétement ce qui se passait au fond de son âme.

Il avait repris toute son assurance, et ses regards curieux interrogeaient ce voile épais, sous lequel le trouble et l'agitation de son ancienne maîtresse avaient trouvé un abri momentané.

— Madame, lui dit-il avec bonté, que puis-je faire pour vous obéir?

Elle remercia le roi par un signe de reconnaissance, mais elle demeura muette.

— Il y a bien longtemps, madame, lui dit-il d'un air affectueux, que je n'ai eu l'honneur de vous voir!

— Sept ans, Sire! répondit-elle, d'un accent inintelligible et lamentable.

— J'aurais cru que plus de sept années s'étaient écoulées depuis la dernière entrevue que nous eûmes ensemble... Sept années! c'est bien long!

— Oui, quand on attend, Sire, répliqua-
t-elle en raffermissant sa voix ; mais je
n'attendais plus rien en ce monde !

— Je voudrais savoir quel intérêt me
procure l'agréable surprise de votre
visite ?

— En deux mots, Sire, voici la princi-
pale raison de mon voyage : il s'agissait
de faire arriver jusqu'à vous M. l'abbé
Cornouaille.

—Ah ! vous n'êtes venue que pour ce
motif ! repartit, d'un air glacial et désap-
pointé, le roi, qui avait attribué à l'apparition de madame de La Vallière une

cause plus personnelle et moins indifférente.

— J'ai sans doute à m'entretenir moi-même avec Votre Majesté, sur un sujet qui me touche de près ; mais avant tout, je lui demande de donner audience à l'abbé Cornouaille ?

Madame de La Vallière semblait avoir compris instinctivement que le roi devait être étonné et blessé peut-être, de ne la voir reparaître, au bout de sept ans d'absence, que pour se faire auprès de lui l'introductrice et la patronne d'un inconnu.

— Eh bien ! que nous veut M. l'abbé

Cornouaille ? dit le roi, qui avait hâte de le congédier, pour rester seul avec une femme qu'il se souvenait d'avoir tant aimée.

— Sire, répondit l'ecclésiastique avec une dignité pleine de déférence, ce que j'ai à dire à Votre Majesté ne saurait être dit devant témoin.

— Le seul témoin qui vous écoute, répliqua le roi, piqué et inquiet de cette demande, c'est madame la duchesse de La Vallière, que vous connaissez bien, puisqu'elle vous amène.

— Sire, moins que personne au monde,

notre chère sœur en Jésus-Christ ne saurait entendre ce que je dois révéler à Votre Majesté, sous le sceau du secret le plus inviolable.

— Vous m'effrayez, monsieur, et j'aimerais mieux que vous ne révélassiez rien.

— C'est le vœu d'un mourant, Sire. M. Colbert m'a chargé de cette commission.

— Louis XIV fronça le sourcil et se pinça les lèvres : le nom de Colbert ne l'avait pas disposé favorablement à entendre l'abbé Cornouaille.

— M. Colbert, dit-il en secouant la tête, n'aurait-il pas mieux rempli lui-même la commission qu'il vous a donnée? Que ne parlait-il, quand je suis allé à son hôtel peu de temps avant sa mort ?

— Il paraît, Sire, reprit madame de La Vallière, en s'interposant pour déterminer le roi à écouter l'abbé Cornouaille, il paraît que la chose est de conséquence et que M. Colbert, à l'heure de sa mort, a prié son confesseur de vous faire cette révélation.

— Monsieur l'abbé était le confesseur de M. Colbert? demanda le roi encore indécis.

— Oui, Sire, répondit le prêtre, et je puis annoncer à Votre Majesté que M. Colbert a fait une bien belle mort, en se repentant de ses péchés et en cherchant à réparer ses torts envers son prochain.

— En avez-vous long à me dire, monsieur ? car, en ce cas, je préférerais remettre la conférence à demain.

— J'ai promis à M. Colbert de déposer dans le sein de Votre Majesté un secret qu'il m'a confié sous la foi de la confession.

— Et vous ne soupçonnez pas, madame, quel peut être ce secret ?

— Non, Sire, M. l'abbé Cornouaille s'est acquitté pres de moi d'une commission de même nature : il m'a remis, de la part de feu M. Colbert, une lettre que je vous apporte, et, pour lui témoigner combien je lui sais gré du service qu'il m'a rendu, je me suis empressée de le conduire à vous, afin qu'il puisse donner satisfaction à M. de Colbert.

— Ce que j'en fais, madame, ce n'est que pour vous, car je n'accorde pas de ces sortes d'audience, et il me déplaît grandement de recevoir des confidences que je n'ai pas demandées.

— Sire, je vous aurai un gré infini des

bontés que vous aurez pour M. l'abbé Cornouaille, qui sera désormais le directeur de conscience de... M. le comte de Vermandois.

— Venez donc, monsieur ! dit le roi, en s'éloignant de quelques pas, l'air sombre et défiant.

III

Le testament de Colbert.

Quand Louis XIV crut s'être assez éloigné pour donner audience à l'abbé Cornouaille, sans qu'on pût les entendre, il
s'arrêta, en tournant la tête vers l'endroit
où il avait laissé madame de La Vallière.

Il fut surppris de ne plus la voir, et il craignit qu'elle ne fût déjà partie.

Il s'était préparé, en quelque sorte, à un entretien avec son ancienne maîtresse, et il s'en promettait peut-être certaines satisfactions de vanité, sinon de vengeance.

Il avait aussi la curiosité de savoir si elle était vieillie et changée par la rude épreuve de la vie monastique.

Il voulait enfin se convaincre qu'il était encore regretté, sinon toujours aimé.

La disparition de madame de La Vallière le contraria et l'offensa presque; car il ne pouvait s'accoutumer à cette idée, que la mère du comte de Vermandois, après sept années d'absence, n'avait quitté son couvent que pour venir lui présenter un prêtre.

Ce prêtre, d'ailleurs, qu'il ne connaissait pas, et qui se trouvait seul avec lui en ce moment, avait un air de confesseur qui l'attristait et le troublait comme un mauvais augure.

— Il me semble, dit-il à l'abbé Cornouaille, que vous pourriez, en trois mots, me révéler votre secret, et nous retournerions ensuite auprès de madame de La

Vallière, qui va se perdre dans le labyrinthe du Belvéder?

— Je n'abuserai pas des instants de Votre Majesté, répondit l'abbé Cornouaille,
qui cherchait un exorde propre à entrer
en matière. M. Colbert, Sire, ajouta-t-il,
était un de vos meilleurs serviteurs...

— Il m'a donné, en effet, de grandes
preuves de son dévoûment; mais passons!

— Il n'avait pas de plus ardent désir
que la gloire, que la puissance de Votre
Majesté...

— Je souscris d'avance à tous les éloges

que vous pourriez faire de lui, interrompit
le roi avec impatience; mais ce n'est pas
le sujet dont il s'agit, sans doute?

— J'ai besoin, Sire, de vous exposer
les immenses services que vous a rendus
M. Colbert...

—Ah! monsieur l'abbé, s'écria Louis XIV
impatienté, nous n'avons pas le loisir
d'entendre une oraison funèbre !

— Sire, repartit l'abbé Cornouaille
avec une respectueuse fermeté, M. Colbert
vous a consacré sa vie entière : est-ce
trop que de vous prendre dix minutes

pour l'accomplissement de ses dernières volontés?

Louis XIV regarda durement l'ecclésiastique qui osait lui adresser en face un reproche d'égoïsme et d'ingratitude. Il était disposé à le faire repentir de cet excès d'audace, et il s'apprêtait à lui tourner le dos, après l'avoir foudroyé d'un coup d'œil.

Mais la belle et noble figure de l'abbé Cornouaille, son imposante et douce physionomie, sa contenance calme et digne, sa voix vibrante et solennelle, changèrent tout à coup les intentions du roi à son égard.

— Mon révérend père, lui dit le roi avec une déférence qu'il ne lui avait pas encore témoignée, je suis prêt à vous écouter aussi longtemps qu'il le faudra. Si je désirais remettre cet entretien à un moment plus convenable, c'était seulement pour que nous fussions mieux à l'aise, dans un lieu clos et hors de la vue des importuns.

— Sire, il y a vingt jours que ce secret me pèse, et j'avais peur de mourir avant de l'avoir déposé dans votre conscience.

— Dites donc ce que c'est, monsieur, et parlons bas, car nous avons des oreilles ouvertes autour de nous.

— Je vous rappelais, tout à l'heure,

Sire, les prodigieux services que M. Colbert a eu la gloire de vous rendre durant tant d'années : je voulais par là lui faire pardonner le malheur dont il a été cause et les torts qu'il se reprochait à son lit de mort.

— Je lui pardonne de bon cœur toutes les fautes qu'il a pu commettre dans son administration, fautes qui m'ont été signalées depuis qu'il n'est plus là pour me les cacher.

— Ah! Sire, gardez-vous des gens qui calomnient la mémoire de M. Colbert!

— M. Colbert avait du bon, je me plais

à en convenir tout haut ; mais, en revan-
che, il m'a fait bien du mal, bien du mal,
monsieur !

— Eh quoi ! Sire, savez-vous déjà de
quelque autre part le secret que je suis
chargé de vous dire ?

— Je sais seulement bien des choses
fâcheuses sur les actes politiques de
M. Colbert. Depuis qu'il est mort, la lumière s'est faite dans les ténèbres de son
ministère, et M. le marquis de Louvois m'a
montré, de ce côté-là, bien des erreurs,
bien des manquements, bien des per-
fidies.

— J'ai reçu la confession de M. Colbert,

interrompit l'abbé Cornouaille avec un généreux élan, et je puis déclarer à Votre Majesté, que le zèle et le dévoûment de ce grand ministre ont été admirables. M. Colbert, dans toute sa vie, n'a jamais eu d'autre but que la gloire du roi et l'intérêt de la France.

— Je vous loue, monsieur, de vous faire ainsi le défenseur et même le panégyriste d'un homme que j'ai beaucoup estimé. Mais cependant, vous aviez à m'entretenir, ce me semble, des torts que M. Colbert se reprochait et d'un malheur qu'il avait causé?

— Oui, Sire, ce sont des torts envers

vous et envers une autre personne, qui ne
doit pas en être instruite comme Votre
Majesté! Voilà pourquoi, je ne pouvais
parler devant sœur Louise de la Miséricorde.

— Ainsi, madame de La Vallière est
intéressée dans la révélation que vous
m'allez faire?

— Autant que vous-même, Sire, car
c'est une amende honorable que M. Colbert vous devait à tous deux.

—Vous me faites trembler, monsieur!
dit à voix basse Louis XIV, en se rapprochant de l'abbé Cornouaille. Je ne soup-

çonne pourtant pas ce que vous avez à me
dire.

— Vous vous souvenez, Sire, des circonstances qui déterminèrent madame la
duchesse de La Vallière à se retirer de la
cour et à entrer au couvent des Carmélites?

— Je ne m'en souviens que trop! repartit le roi, en devenant sombre et chagrin.

— On vous avait inspiré des doutes sur
la vertu de cette pauvre dame...

— A quoi bon réveiller de si tristes
souvenirs, monsieur?

— Je ne veux ni ne dois accuser personne, Sire; je ne nommerai donc pas ceux qui trempèrent dans le complot, et qui réussirent si bien à obscurcir cette vertu sans tache.

— Est-ce donc une accusation que vous voulez porter contre madame la marquise de Montespan?

— Dieu m'en garde, Sire! Je ne suis pas venu à vous en accusateur.

— Vous parlez d'un complot : il faut qu'il y ait eu des complices, et ces complices, je suis forcé de les chercher parmi les personnes qui avaient alors ma confiance.

— Le complot a existé; il était infâme :
il avait pour objet de déshonorer madame
de La Vallière, et de la faire passer à vos
yeux pour une femme sans pudeur et sans
foi.

— J'aime à croire que c'étaient là des
calomnies, et je les ai toujours rejetées
avec pitié, car il m'en coûtait trop de penser que madame de La Vallière m'eût in-
dignement trompé !

— Vous ne l'avez pourtant pas défendue
et protégée, Sire, contre la cabale qui la
poursuivait !

— Je ne lui ai jamais déclaré, ce me

semble, les méchants bruits qu'on faisait
courir?

— J'estime qu'elle ne les a pas connus,
car elle en serait morte de douleur.

— Il y a bien longtemps de cela! reprit
le roi avec amertume. Pourquoi remuer
ces cendres refroidies?

— Pour en faire sortir la vérité et la
justice, Sire. M. Colbert n'était pas du
complot, mais il l'avait deviné, il l'avait
découvert, et il eut la faiblesse coupable
de ne pas vous éclairer sur les auteurs de
cette abominable trame.

— Ce qui est fait est fait, mon père; il n'est plus au pouvoir de personne de remettre les choses dans l'état où elles étaient avant cette triste affaire. Le mieux serait donc de tout oublier et de ne pas fouiller un passé plein de regrets et d'angoisses.

Il importe, Sire, que le roi sache enfin ce qu'il en est, dans une question où se trouve engagé son honneur de père...

— Laissons cela, monsieur! interrompit sèchement Louis XIV. Il est des choses que je ne puis mettre en discussion, sous peine de voir entamer le prestige de la royauté et le respect de ma personne.

— On a osé, continua l'abbé Cornouaille avec le sentiment d'un devoir pénible et nécessaire à remplir, on a osé, Sire, vous insinuer que madame de La Vallière avait eu des relations coupables avec M. le duc de Lauzun...

— Je n'en ai rien cru, vous dis-je! repartit le roi, en rougissant de colère et d'embarras.

— Vous ne l'avez pas cru, sans doute, Sire; mais, néanmoins, vous avez fait arrêter M. de Lauzun, qui fut retenu prisonnier d'État pendant dix ans avec M. Fouquet, dans la citadelle de Pignerol.

— Il me fallait châtier ces insolences!

s'écria le roi, qui avait hâte d'échapper
aux étreintes de cette pénible explication;
j'étais même sur le point de lui faire faire
son procès, comme à ce malheureux Fouquet, qui est mort depuis; mais j'ai eu
compassion de lui, en souvenir de l'amitié que je lui avais portée.

— On vous disait à cette époque, Sire,
que M. de Lauzun était vraiment le père
de M. le comte de Vermandois...

— Oh! je ne l'ai pas cru! interrompit
Louis XIV, en brandissant sa canne,
comme s'il se préparait à en frapper quelqu'un. Je ne le croyais point, car le fait me
semblait impossible, et j'ai protesté pu-

bliquement contre cette infamie en légi-
timant M. de Vermandois.

— Vous vous êtes ouvert là-dessus à
M. Colbert, Sire, et vous ne montriez pas
alors tant d'assurance, puisque vous eûtes
la pensée de faire enfermer dans un couvent madame de La Vallière; c'est M. Colbert qui m'a donné tous ces détails.

— M. Colbert n'eût-il pas mieux fait
de les garder et des les emporter dans sa
tombe?

— Non, Sire, car M. Colbert, en mourant, s'est repenti de n'avoir pas justifié

madame de La Vallière, quand il le pouvait faire, et de n'avoir pas tranquillisé, au moins, votre cœur de père...

— Puisque vous m'obligez à l'avouer, dit le roi, qui s'était fait violence pour dissimuler ses vrais sentiments, je vous déclarerai, comme si vous m'entendiez en confession, que j'ai eu des doutes bien terribles sur la naissance de cet enfant, doutes que je repoussais de toute la puissance de mon âme; mais hélas! depuis sept ans, je ne doute plus!...

— Vous avez constaté, par des preuves certaines, qu'on voulait seulement perdre madame de La Vallière, et entraîner dans sa perte le fils qu'elle vous a donné?

— J'ai constaté, par des preuves certaines, que M. de Vermandois n'est pas
mon fils !

— Sire, Sire, vous voyez bien que
M. Colbert avait une bonne et utile pensée
en m'envoyant vers vous !

— J'ai vu les lettres de M. Lauzun, j'ai
vu celles de madame de La Vallière... Le
doute ne m'est plus permis, maintenant...
Ah ! combien je préférerais ce doute à
l'affreuse certitude qui a mis à néant les
illusions fatales de ma paternité !

— M. de Vermandois est bien réellement votre fils, Sire : je vous l'atteste, devant Dieu, de la part de M. Colbert!

— Il n'est pas mon fils, vous dis-je, car il est indigne de moi et du nom qu'il porte; il est né vicieux et pervers; il s'abandonne aux plus mauvais penchants, il se livre à tous les désordres. C'est un débauché, qui deviendra un scélérat et qu'il faudra faire disparaître dans une prison d'État.

— Oh! Sire, ne parlez pas ainsi de votre fils!... Écoutez M. Colbert qui vous parle, par ma bouche, du fond de son tombeau. Il y a sept ans, lorsqu'on fit sortir de dessous terre ces lettres de Lauzun

et de madame de La Vallière, dans les-
quelles se trouvait la preuve de leurs cri-
minelles intelligences...

— Ah! si madame de La Vallière n'eût
pas déjà pris le voile! s'écria le roi, avec
un geste de menace.

— Ces lettres étaient supposées! dit
vivement l'abbé Cornouaille.

— Supposées! répéta Louis XIV, frappé
de stupeur.

— Oui, Sire, elles avaient été fabriquées par un faussaire, pour servir d'ins-

trument au complot qui se continuait dans l'ombre contre la position et l'avenir de votre fils.

— Mais il ne suffit pas de dire que ces lettres étaient fausses, monsieur, il s'agit de le prouver !

— Ces lettres, Sire, vous ne les avez plus ; vous aviez promis de les détruire, et vous avez tenu parole.

— Je les ai brûlées, en effet, après les avoir lues ; mais je me rappelle expressément leur contenu, je m'en souviendrai toujours !

— Jugez si la trame était bien ourdie !
Après vous avoir enfoncé le poignard dans
le cœur, on anéantissait l'arme empoi-
sonnée, on rendait ainsi la blessure in-
curable.

— Et M. Colbert vous a dit que ces
lettres étaient supposées ? demanda le roi
en le regardant d'un œil pénétrant.

L'abbé Cornouaille soutint avec calme
le regard interrogateur du roi, qui le
soupçonnait d'être le complice officieux
ou intéressé d'une intrigue et d'un men-
songe, que la mort de Colbert avait
permis d'établir sur une base inattaqua-
ble.

Louis XIV fut étonné et presque piqué de voir que son regard, dont il savait la puissance, n'eût produit aucune impression de crainte, de trouble ou d'embarras sur le visage du vicaire de Saint-Eustache.

Celui-ci rompit le silence en répétant ses dernières paroles :

— M. Colbert m'a dit que ces lettres étaient supposées.

— Fausses? reprit le roi avec intention.

— Oui, Sire; il me l'a déclaré en confession, à l'heure de la mort, et il m'a expressément recommandé de vous transmettre cette déclaration solennelle.

— M. Colbert fut donc l'auteur ou l'inventeur de ces infernales lettres ?

— Non, Sire ; mais il sut quel en était l'auteur, et il eut la faiblesse de ne pas le dénoncer à Votre Majesté.

— Le témoignage de M. Colbert est sans doute d'un grand poids, monsieur, dit le roi avec un soupir, et je le tiens pour très considérable, surtout en de telles circonstances. Cependant, je serais

content de retrouver le faussaire, dussé-je
ne pas lui infliger la peine de son crime.

— Cet homme est mort depuis; c'était
un des scribes employés par M. Colbert
aux travaux de sa bibliothèque. Il avait,
dit-on, une merveilleuse adresse à imiter
les écritures et à contrefaire la main de
tout le monde. On l'avait chassé du bu-
reau de la Compagnie des Indes, en Hol-
lande, parce qu'il avait fait un grand
nombre de fausses lettres de change...

— Comment M. Colbert employait-il
chez lui de pareilles gens?

— M. Colbert ne savait rien des vilains

antécédents du personnage quand M. Ba-
luze, son bibliothécaire, recueillit cet
homme à cause de son grand talent d'é-
crivain. Mais un jour M. Colbert, visitant
sa bibliothèque à l'improviste, surprit le
faussaire au moment où ce malheureux
achevait d'écrire une lettre en imitant l'é-
criture de madame la duchesse de La Vallière.

—Soit! interrompit vivement le roi; mais
ce n'était point assez de copier ces lettres,
il fallait encore en faire le brouillon?

— J'ai dit à Votre Majesté, en commen-
çant, que je ne nommerais personne...
M. Colbert reconnut sur-le-champ quel

était l'usage auquel on destinait cette lettre, car Votre Majesté lui avait parlé d'autres lettres de même nature. Il interrogea
donc le faussaire en le menaçant, et il le
força d'avouer toutes les particularités de
cette odieuse machination.

— M. Colbert fut bien coupable de ne
pas me révéler alors ce qui se passait!

— M. Colbert avait affaire peut-être à
trop forte partie; il craignit sans doute,
en voulant éclairer Votre Majesté, de se
perdre lui-même et d'aggraver le mal...
Au surplus, Sire, je n'entends pas l'excuser sur le silence qu'il a gardé là-dessus
jusqu'à sa mort.

— Ah! si je savais seulement quels furent les principaux agents de l'intrigue!

— M. Colbert ne m'a point autorisé à en dire davantage, et je retiens le reste sous le sceau de la confession.

— Il résulte de vos déclarations, monsieur, que les lettres étaient fausses; qu'elles avaient été fabriquées par un scribe, pour le compte d'une conspiration de palais?

— Il résulte, Sire, dit le prêtre avec la gravité d'une protestation éclatante, que madame la duchesse de La Vallière a été victime d'une exécrable calomnie.

— Ne voudriez-vous pas, monsieur, ré-
péter ces déclarations devant elle?

— Je prie Votre Majesté de ne pas exi-
ger de moi ce que je n'ai pas promis à
M. Colbert, et ce que M. Colbert ne m'a
pas demandé. Il me semble, d'ailleurs,
que madame de La Vallière, en renonçant
au siècle, et en se réfugiant dans la maison du Seigneur, a rompu entièrement
avec des préoccupations mondaines qui
n'ont plus le droit de troubler sa pénitence.

— Monsieur l'abbé, tout ce qui s'est dit
ici entre nous doit demeurer inviolable-
ment secret... Je vous remercie d'avoir

rempli les dernières volontés de M. Colbert... J'aurai soin de vous marquer la
part que je veux prendre à votre avance-
ment dans les dignités de l'Église.

— Sire, je ne réclame rien que la bienveillance de Votre Majesté pour les pauvres protestants du Dauphiné...

Louis XIV n'entendit pas ou ne voulut
pas entendre le vœu exprimé par l'abbé
Cornouaille ; il était impatient de rejoindre madame de La Vallière, et il la
cherchait déjà des yeux avant de se mettre sur ses traces.

Il s'éloignait rapidement du prêtre, qui

n'essaya pas de le retenir, et qui, satisfait d'avoir acquitté une promesse sacrée, reprit tranquillement la lecture de son bréviaire, en se dirigeant du côté du château.

— O mon Dieu ! dit l'abbé Cornouaille en levant les yeux au ciel, sous l'inspiration d'un souvenir que le texte d'un psaume avait fait naître : Aide et soutiens mon frère Jérémie contre ses persécuteurs !

IV

Madame de La Vallière, en voyant s'é-
loigner le roi avec l'abbé Cornouaille,
avait senti son cœur se briser, comme si
c'était une nouvelle séparation qu'elle eût
à subir.

Elle était seule vis-à-vis d'elle-même ;
elle n'avait plus à redouter les regards et
les jugements des hommes ; elle fondit en
larmes, elle éclata en sanglots.

Elle rougissait cependant de sa faiblesse et de ce retour involontaire vers
les vanités du monde, qu'elle avait quit-
tées et qu'elle croyait avoir oubliées pour
toujours.

Elle se hâta de pénétrer dans une allée
de traverse, et de chercher l'endroit le
plus couvert, le plus retiré des taillis du
Belvéder, pour s'y dérober à tous les
yeux.

Elle entra dans une salle de verdure,

tapissée de lierre, et tomba sur un banc
de pierre, sans remarquer que le hasard
avait placé auprès d'elle une statue de
l'Amour aiguisant ses flèches.

Elle resta immobile, pleurant, gémissant, se souvenant. Ce n'était plus la
religieuse : c'était l'amante, c'était la mère
qui revivait dans le passé.

Si elle se fût trouvée à Versailles ou
à Saint-Germain, au lieu d'être à Marly,
ses souvenirs, ses regrets, ses douleurs
auraient eu plus d'aliments et d'énergie.

Car, du temps de ses amours, du temps

de sa grandeur, le château et le parc de Marly n'existaient pas encore, même en projet, et ce vaste espace de terrain, qu'elle voyait pour la première fois, ombragé de grands arbres qu'on avait apportés tout verdoyants de la forêt de Compiègne et des bois de Louveciennes, orné de pièces d'eau, de cascades, de pavillons, de berceaux et de statues, n'était encore, sept ans auparavant, qu'une espèce de marécage couvert de hautes herbes et parsemé de vieux saules.

Mais, néanmoins, madame de La Vallière, au milieu de ces jardins magnifiques qui lui rappelaient ceux de Versailles, se trouvait en présence des splendeurs du règne de Louis XIV ; elle se sentait entou-

rée, en quelque sorte, dominée, éblouie,
par une manifestation du grand roi.

Elle eut peur des impressions et des
sentiments qui se réveillaient dans son
âme depuis longtemps assoupie ; elle se
reprocha d'être infidèle à ses vœux et à
ses devoirs monastiques ; elle se repentit
d'être venue à Marly.

... Vainement elle essaya de se lever et de
s'enfuir de ce lieu de délices, de ce para-
dis terrestre, où devait être caché le ser-
pent : elle s'épouvantait des tentations qui
commençaient à la troubler...

Pour la première fois depuis sept ans,

elle éprouvait un amer dégoût du cloître ; pour la première fois, elle maudissait la vocation qui l'y avait entraînée.

Elle se disait que, si elle fût demeurée à la cour, elle n'aurait pas du moins cessé de voir le roi et de jouir de ce suprême bonheur ; elle se disait que le roi, en la voyant sans cesse, eût peut-être repris de l'amour pour elle ; peut-être aussi n'avait-il jamais renoncé à l'aimer au fond du cœur, quoiqu'il la sacrifiât, en apparence, à ses rivales : ces rivales, d'ailleurs, les aimait-il, les estimait-il autant qu'il l'avait estimée, qu'il l'avait aimée ?

Insensée, imprudente, elle avait abandonné la lutte au moment où la victoire allait lui rester! Madame de Montespan n'était-elle pas plus délaissée maintenant qu'elle-même ne l'avait été avant de se jeter dans les bras de Dieu ? Et madame de Maintenon, qui s'était élevée à son tour sur les ruines de madame de Montespan, serait-elle parvenue jamais à cette puissance, si madame de La Vallière, avec sa douceur angélique, avec sa grâce séduisante, avec le charme de son regard tendre et son mélancolique sourire, eût fait un dernier effort pour contrebalancer le crédit naissant de la veuve Scarron?

Voilà quelles étaient les pensées poignantes qui occupaient la douloureuse rêverie de la mère du comte de Vermandois ;

et plus elle s'y livrait, moins elle avait de
force pour s'en arracher.

Mais la prière lui fut en aide, elle se jeta
à genoux, par un mouvement spontané,
et ses yeux, pleins de larmes, se relevè-
rent au ciel, comme pour implorer un appui qui ne lui fit pas défaut. Elle redevint
par degrés ce qu'elle était, ce qu'elle voulait être, simple religieuse carmélite, sœur
Louise de la Miséricorde, vouée désormais
à la pénitence, et complétement détachée
des choses d'ici-bas.

Elle priait avec ferveur, avec effusion :
elle pria longtemps, agenouillée sur le sol
froid et humide, comme si elle eût été dans
sa cellule.

Soudain, à travers ses oraisons qui s'élançaient au ciel, il y eut, pour ainsi dire, un éclair de passion humaine, un tonnerre lointain d'amour et de désespoir. Elle retomba, inquiète et troublée, dans ce monde terrestre auquel son âme ne tenait plus que par les liens du souvenir.

Une voix bien connue avait frappé son oreille ; cette voix, en prononçant son nom, avait remué toutes les fibres de son cœur.

C'était le roi qui la cherchait en vain aux alentours de Belvéder, et qui ne l'apercevant nulle part, appelait *Louise* avec le même accent qu'autrefois.

Dix années venaient de s'évanouir, comme un mauvaie rêve, entre elle et lui.

Madame de La Vallière, toute joyeuse, toute palpitante, toute éperdue, se leva précipitamment et courut du côté où la voix s'était fait entendre.

Le roi n'avait appelé, qu'en se voyant égaré dans le labyrinthe du Belvéder : il était revenu deux ou trois fois de suite à son point de départ, et il s'irritait de ne pouvoir sortir de ce dédale d'allées tournantes qui le ramenaient toujours au même endroit.

Ce fut tout naturellement et sans réflexion qu'il prononça le nom de *Louise*, comme s'il l'eût prononcé la veille, comme si sa bouche ne l'avait pas oublié depuis bien des années.

Mais il se repentit presque aussitôt de cette familiarité, qui pouvait offenser en même temps la femme et la religieuse ; il ne renouvela donc plus un appel qu'il espérait n'avoir pas été entendu.

— Y a–t-il quelqu'un ici ? cria-t-il d'une voix forte et impérieuse.

Il avait toujours eu beaucoup de répugnance à se trouver seul, sans suite et sans gardes ; il ne craignait pas sans doute quelque entreprise, quelque violence, contre sa personne, mais il se sentait mal à l'aise, inquiet, embarrassé, dès qu'il n'avait plus près de lui un serviteur sur lequel il pût compter au besoin et qui fut en quelque sorte, le garde-du-corps de la royauté.

Il ne se défendit pas d'une certaine inquiétude qui alla jusqu'à la terreur, quand il entendit s'approcher un pas vif et précipité, au bruit duquel se mêlaient le murmure d'une respiration haletante et le cliquetis des branches qui s'agitaient au passage de la personne qu'il ne distinguait pas encore à travers les feuilles.

Il se demanda d'abord si ce n'était pas

une bête fauve qui s'avançait vers lui, et il fut, un instant, très préoccupé de ce qu'il n'avait pas d'autre arme que sa canne.

Mais il n'eut qu'à prêter l'oreille avec plus d'attention, pour reconnaître que c'était un être humain qu'il allait voir. Il n'aurait pas supposé, toutefois, que ce pût être madame de La Vallière qui courait ainsi à sa rencontre.

— Sire, vous m'avez appelée? dit-elle, en arrivant tout essoufflée et tout émue.

Elle devint rouge et tremblante; elle baissa les yeux et s'inclina humblement.

— C'était vous! répondit le roi, qui

franchit rapidement la distance qu'elle
avait laissée entre eux et qui lui prit la
main avec un air de satisfaction, gracieux
et presque galant.

— Il m'a semblé, reprit-elle d'une voix
étouffée et bégayante, il m'a semblé que
Votre Majesté avait prononcé mon nom,
et je suis accourue à la hâte!

Louis XIV tenait ses yeux arrêtés sur le
visage, encore charmant, de madame de
La Vallière.

Il s'étonnait de la revoir telle qu'il l'a-
vait connue dans l'éclat de la beauté et

de la jeunesse, car cette marche rapide, qu'elle venait de faire sous l'empire d'une vive émotion, avait rendu à ses traits l'animation et les fraîches couleurs, que la vie religieuse leur avait enlevées pour leur donner l'immobilité et les teintes jaunâtres de l'ivoire.

Madame de La Vallière avait rejeté son voile sur ses épaules, afin de n'être pas gênée dans sa course, et elle ne songeait pas qu'elle exposait ainsi sa figure à découvert, sous les regards curieux et profanes du roi, qui la trouvait plus belle que jamais.

— Venez ! lui dit-il, en l'entraînant vers

le centre du labyrinthe. Il faut que je vous parle encore une fois, puisque nous nous sommes retrouvés en ce monde !

Elle ne fit aucune résistance pour suivre le roi, qui ne lui avait pas lâché le bras.

L'étreinte de cette main nerveuse et brûlante s'imprimait, comme un fer chaud, sur sa chair et y faisait courir des frissons qui lui traversaient le cœur.

Le roi la regardait toujours; elle n'osait pas, elle, l'envisager.

Ils atteignirent le sommet du Belvéder,

où régnait une plate-forme circulaire en-
vironnée de charmilles et décorée de trophées et de vases de marbre sculptés par
Coysevox et son élève Coustou.

Madame de La Vallière était près de dé-
faillir ; un nuage se répandait déjà sur sa
vue.

Elle sortit avec effroi de cette crise ver-
tigineuse en se sentant pressée dans les
bras du roi, qui l'avait soutenue lorsqu'elle
allait tomber évanouie à ses pieds.

— Ah ! Sire ! s'écria-t-elle dans un trouble inexprimable en se dérobant à ses

soins affectueux qui ressemblaient à un embrassement; je vous conjure de vous rappeler ce que nous sommes l'un et l'autre!

— Comment voulez-vous, répondit le roi avec tendresse, que je ne me rappelle pas seulement que je vous ai aimée?

— Sire, dit-elle avec calme et sérénité, voyez l'habit que je porte et respectez-le!

La religieuse avait triomphé d'un moment d'hallucination sensuelle en élevant son âme à Dieu. Dieu l'avait secourue; Dieu lui avait rendu, avec toute son énergie morale, la conscience de ce qu'elle était, de ce qu'elle devait être désormais.

Sans doute les émotions indomptables de l'amour se ranimaient par intervalles au fond de son âme; mais elle les comprimait sous la main de fer du devoir.

Il s'était fait en elle une révolution subite et imprévue comme par une influence divine et protectrice. Elle se sentait maintenant capable de se trouver en face du roi, de lever les yeux sur lui et de lui adresser la parole sans être ramenée à des sensations et à des sentiments qui ne lui étaient plus permis.

Ce fut comme une métamorphose morale et physique qui la sauva d'un danger qu'elle n'avait fait qu'entrevoir : l'amante avait disparu pour toujours ; l'amie seule était restée.

Elle n'éprouvait plus ni honte, ni hésitation, ni trouble en s'avouant tout haut l'intérêt sérieux et dévoué que lui inspirait le père de ses enfants ; car rien d'impur ni de coupable ne se mêlait dès-lors à cette chaste émanation d'une âme tendre et fidèle.

Elle remercia la Providence, qui l'avait protégée miraculeusement en changeant tout à coup la nature de ses impressions, en la mettant à l'abri du désordre des

sens, en tuant chez elle les dernières ra-
cines des passions humaines.

Quant à Louis XIV, il rougissait de
s'être laissé emporter aux illusions des
souvenirs.

Il rougissait surtout d'avoir rencontré,
pour ainsi dire, la barrière du cloître
entre madame de La Vallière et lui, cette
barrière qui les avait séparés depuis sept
ans, et qu'il avait cru voir s'abaisser,
prête à se rompre sous la main auda-
cieuse de l'amour.

Il avait l'air confus et boudeur; il était
devenu sombre et silencieux.

Il gardait contre la pauvre Carmélite une sourde rancune qui n'accusait de sa part que des instincts orgueilleux et égoïstes; il fut sur le point de faire une brusque retraite pour échapper à l'embarras qu'il éprouvait en présence de sa noble et pure victime.

— Sire, vous m'avez accordé la faveur d'un entretien secret, lui dit-elle avec l'accent le plus persuasif et le plus doux. Cet entretien pourra durer quelque temps...

— Je m'exécuterai, madame, répondit-il d'un ton glacial, aussi longtemps que vous le voudrez.

— Plairait-il à Votre Majesté de s'as-

seoir sur ce siége de gazon, car je crain-
drais qu'elle ne se lassât de demeurer
debout ?

— Je vous sais gré d'être si attentive
pour Ma Majesté, répliqua-t-il avec une
moue sardonique. Je vous prierai, ajouta-
t-il en lui montrant une place à ses côtés,
de vouloir bien partager le trône que vous
m'offrez.

— Ah ! Sire, s'écria-t-elle avec une intention dont elle ne fut pas maîtresse, la
reine Marie-Thérèse, cette vertueuse et
sainte femme, vous a été enlevée!.. Nulle
autre, je l'espère, ne semblera digne de
partager le trône de Votre Majesté !

Le roi ne répondit rien ; il pencha la
tête pour cacher deux larmes qui roulaient
aux bords de ses paupières.

Louis XIV ne se rendait pas bien compte
de l'émotion qui avait mis deux larmes
dans ses yeux ; mais les larmes étaient
déjà séchées et l'émotion n'avait pas laissé
de traces.

— Pourriez-vous, madame, fit-il brusquement en regardant avec défiance la
duchesse de La Vallière ; pourriez-vous
jurer que vous ne saviez rien de ce que
M. l'abbé Cornouaille est venu me dire de
la part de M. Colbert ?

— Je vous le jure, Sire! repartit-elle

avec une franche expression de sincérité.

— Quoi! vous n'aviez pas même le soupçon de ce que c'était?

— Assurément non, Sire, dit-elle sans hésiter, puisque M. l'abbé Cornouaille avait reçu en confession les dernières confidences de M. Colbert. Je souhaite seulement que la mission de M. l'abbé Cornouaille soit utile à la gloire de Votre Majesté.

— Il ne s'agit pas de moi, interrompit le roi en continuant à la regarder fixément, sans qu'elle parût embarrassée ni émue.

— Je ne connaissais pas M. l'abbé Cornouaille, dit-elle avec candeur, si ce n'est pour l'avoir entendu prêcher une fois dans l'église des Carmélites...

— Nous pourrons l'entendre aussi dans la chapelle de Versailles.

— J'avais ouï parler de ses belles qualités ecclésiastiques, de sa charité, de sa grande piété, de son immense savoir; il est vicaire de la paroisse de Saint-Eustache, à Paris...

— Il a le mérite qu'il faut pour faire un évêque, et je ne l'oublierai pas.

— C'est M. l'abbé Gofas qui me l'a désigné lui-même comme son successeur ou
son suppléant pour la direction de la
conscience du comte de Vermandois...

— Que faisait donc votre abbé Gofas,
dit le roi en se rembrunissant, qu'il a
laissé se perdre ce malheureux enfant?

— Sire, répondit madame de La Vallière, qui eut des larmes dans les yeux
dès que le roi parla de son fils avec une
froide indifférence, depuis plusieurs mois
M. l'abbé Gofas est malade de la goutte,
et ne quitte pas son lit; il est trop vieux,
d'ailleurs, pour remplir les devoirs de la
charge pénible et délicate que je lui avais
confiée.

—Dépêchez-vous, madame, de remettre à quelque autre, plus ingambe et mieux portant, le soin de surveiller et de conduire M. de Vermandois, qui tourne à mal tous les jours davantage.

Louis XIV avait la voix si rude, le visage si sévère, que madame de La Vallière ressentit une profonde pitié pour le jeune homme, imprudent et léger plutôt que vicieux et débauché, qui trouvait si peu d'indulgence et d'appui auprès de son père.

— Sire! dit-elle avec des sanglots dans la voix, je vous assure qu'il n'est point aussi coupable qu'on vous l'a représenté.

— Je veux le croire, madame, pour son honneur comme pour le mien ; mais je crains fort que le successeur de l'abbé Gofas n'ait beaucoup à faire pour corriger cette nature rebelle et malfaisante...

— Ah ! Sire, interrompit cette mère désolée, qui s'intéressera donc à lui en ce monde, si son père l'abandonne ?

— Je ne l'abandonne pas, madame ; c'est vous, vous seule, qui l'avez abandonné !

— Sire, ce reproche est bien cruel dans votre bouche !

— Il ne faut pas revenir sur le passé! vous aviez votre vocation, vous ne pouviez vous y soustraire, fût-ce pour le salut de votre fils... Je ne vous fais point de reproche, si vous ne vous en faites pas vous-même.

— Vous avez des paroles qui me déchirent le cœur; vous, qui devriez verser le baume sur les blessures de ce cœur à peine cicatrisé par la prière et la pénitence!

— Mon Dieu! madame, je n'ai pas la volonté de vous affliger; mais vous me parlez du comte de Vermandois, et je ne puis m'empêcher de déplorer les fautes de cet incorrigible.

— Je vous ai demandé la permission de
placer près de lui, comme directeur de
conscience, M. l'abbé Cornouaille...

— Je m'empresse d'approuver votre
choix, et je prie Dieu que l'intervention
de ce saint homme soit efficace; mais, à
vous dire le fond de ma pensée, je ne l'espère pas.

— Il est impossible, Sire, que votre fils
ne soit pas digne de vous! s'écria madame
de La Vallière, avec toute la chaleur de la
maternité.

— Mon fils! répéta le roi, qui semblait

se consulter tout bas, et qui avait peine à
chasser des pensées sinistres. Quel âge
a-t-il, madame? demanda-t-il tout à coup.

— Il est né le 2 octobre 1667, à Saint-
Germain-en-Laye! répondit-elle à voix
basse, en cherchant à cacher avec son
voile la rougeur qui s'était répandue sur
son visage.

— Le 2 octobre! murmura le roi qui
avait l'air de lui demander compte de cette
rougeur. J'étais bien joyeux, ce jour-là,
madame!

— Et moi, Sire, j'étais la plus heureuse

des mères, car je n'avais pas encore me-
suré la profondeur de l'abîme où j'étais
tombée !

— Qu'entendez-vous par là, madame?
repartit vivement le roi, en redoublant de
regards scrutateurs.

— Si j'avais eu le droit d'être mère, la
naissance de cet enfant eût été un bienfait
du ciel !

— Cependant vous n'aviez rien à vous
reprocher?...

— Comme vous m'interrogez, Sire ! dit-elle avec inquiétude, en cherchant à démêler la pensée du roi. Je l'avouerai, reprit-elle en s'échauffant à ces souvenirs, j'étais alors tout entière au bonheur d'avoir un fils, un fils de Votre Majesté; j'étais fière, presque triomphante, car je ne voyais pas encore se dresser derrière le berceau de cet enfant le spectre implacable de mon déshonneur.

— Madame! interrompit Louis XIV, blessé de ce langage : ce que vous nommez votre déshonneur, eût paru à toute autre le plus grand honneur que pût recevoir une femme qui n'était pas reine!

— J'étais mademoiselle de La Vallière,

à cette époque, Sire, et maintenant je ne suis plus que Sœur de la Miséricorde!

— Aussi je vous pardonne des façons de voir et de dire, qui m'offenseraient singulièrement de la part de toute autre que vous. Nous ferons mieux de n'en plus parler, s'il vous plaît.

— Il faut bien que nous en parlions, Sire, car je ne suis venue ici que pour cet objet.

— Vous n'êtes venue, dites-vous, que pour me parler... de votre fils?

— Oui, Sire, j'ai pris à tâche de le justifier devant vous.

— Le justifier ! répéta le roi, en souriant avec un air de doute dédaigneux : ce serait difficile, sinon impossible.

— Je le justifierai, Sire, car vous lui avez imputé bien des torts qui ne sont pas les siens.

— A vous croire, madame, je serais injuste à l'égard de M. le comte de Vermandois ?

— Je l'étais bien moi-même, moi, sa mère, avant de connaître la vérité !

— Et quelle est cette vérité que vous

savez et qui vous a fait revenir sur le compte de votre fils? Je ne demande pas mieux que de la savoir aussi... Oui, madame, prouvez-moi que M. de Vermandois n'est pas gâté par le vice, et que ses libertinages n'ont jamais existé; je vous en aurai une singulière reconnaissance, car je rendrai mon estime et mon affection à une personne qu'il m'est pénible de considérer comme un indigne rejeton du sang royal.

— Ne dites pas cela, Sire, je vous en supplie? Ne maudissez pas ce pauvre enfant!

— Je ne le maudis pas, mais je suis

forcé de vous déclarer ce que je rougirais
de dire à d'autres qu'à vous : M. de Vermandois s'est avili à mes yeux ; il mériterait de perdre son titre de fils de France,
et ce n'est que, par égard pour vous, pour
vous seule, madame, que je n'ai pas encore mis à néant l'acte qui l'a légitimé.

— Combien je dois bénir le ciel qui m'a
envoyée vers vous, aujourd'hui, pour vous
éclairer , pour vous faire réparer une
grande injustice !

— Je n'ai jamais été injuste, madame,
mais je m'accuse d'avoir été faible et par-
tial vis-à-vis de M. de Vermandois, en me

bornant à le chasser de ma présence et de ma cour, quand je devrais !...

— Je sais que vous l'aviez exilé à Chantilly, et que, depuis peu de temps, vous avez ordonné qu'il fût transféré au château de Fontainebleau ; mais la cause de cet exil, Sire...

— Je vous l'ai fait connaître, madame, par l'entremise de l'abbé Bourdaloue, qui vous alla trouver de ma part, à cette époque, et qui ne vous cacha rien de ce qui s'était passé.

— M. de Vermandois est jeune, sans

expérience, sans défiance surtout : il se laissa entraîner à des désordres bien répréhensibles, il est vrai; mais les vrais coupables, les seuls coupables, ce furent ceux qui l'entraînèrent, ceux qui conspirèrent contre lui, en cherchant à le déshonorer dans leurs scandaleuses orgies, ceux qui voulaient le faire tomber dans la disgrâce de Votre Majesté.

— Je les ai punis également, ces libertins, ces joueurs, ces ivrognes, ces infâmes!

— Vous auriez dû les rendre responsables du honteux égarement de mon fils,

qui n'a fait que suivre leur mauvais exemple et leurs détestables conseils, en jouant,
en s'enivrant...

— Il y avait une abominable secte de
Templiers, comme ils s'appelaient entre
eux. J'ai exilé de la cour les seigneurs qui
s'étaient mis à la tête de cette Académie
de débauche : le marquis de Biran, le
chevalier de Tilladet, le duc de Grammont, le chevalier de Lorraine...

— Le chevalier de Lorraine! s'écria la
religieuse avec une véhémente indigna-
tion. Voilà le méprisable homme qui a
pris à tâche de corrompre mon fils !

— Je l'ai banni à toujours, depuis la mort de madame Henriette d'Angleterre.

— Sire, après avoir empoisonné Madame, il empoisonne moralement le comte de Vermandois!

Elle se repentit aussitôt d'avoir articulé une si grave accusation contre le chevalier de Lorraine, que la voix publique avait dénoncé partout comme l'auteur de l'empoisonnement de cette princesse; elle se tut, et demanda pardon à Dieu d'avoir porté un jugement téméraire à l'égard de son prochain.

Louis XIV, à l'esprit duquel la mort tragique d'Henriette d'Angleterre s'était retracée avec toutes ses lugubres circonstances, tenait son front penché sur sa main et confirmait par son silence les paroles accusatrices de la duchesse de La Vallière.

— Ah ! si Monsieur ne couvrait pas de sa protection ce vilain débauché ! murmura-t-il.

— Ne parlons plus de cet homme, reprit vivement la carmélite, mais employez votre autorité, Sire, pour qu'il ne puisse plus approcher jamais de M. de Vermandois ?

— J'avais donné des ordres, on ne les a pas exécutés, ou plutôt M. de Vermandois, en dépit de son gouverneur M. de Monchevreuil, a continué de fréquenter le chevalier de Lorraine. Ils n'ont pas cessé de se voir et de faire la débauche ensemble ! Au mois d'août dernier, ils se trouvèrent tous deux, avec leurs Templiers, à la taverne de la rue de Jouy, où se commirent de tels excès, que le Parlement eût commencé des poursuites si l'on n'avait pas craint de voir un prince du sang de France et plusieurs grands seigneurs de la cour compromis dans cette affaire. M. de Vermandois était là, jouant, blasphémant, buvant, comme les autres et plus que les autres...

— Sire, Sire, on a calomnié M. de

Vermandois!... On vous a trompé!...

— Qui oserait me tromper? Imaginez-vous, d'ailleurs, que je souffre qu'on me trompe?... Je ne veux, je ne puis vous dire toutes les actions détestables qu'on prête à M. de Vermandois.

— C'est faux, Sire! M. de Vermandois n'a fait que passer dans cette taverne...

— Est-ce que la police ne sait pas tous ce qu'elle doit savoir? On a écrit là-dessus un mémoire que M. de la Reynie m'a mis sous les yeux, et j'ai failli, en le lisant,

mourir de honte, car ce prince, madame,
est légitimé de France ; il a rang après le
Dauphin...

— Tenez, Sire, interrompit madame de
La Vallière en lui présentant une lettre
ouverte qu'elle tira de son sein : lisez ce
que M. Colbert a dicté et signé avant de
mourir.

— Encore M. Colbert ! répliqua le roi,
hésitant à ouvrir la lettre qu'il avait dans
la main.

— C'est la justification de mon fils, dit-
elle avec confiance.

Louis XIV eût préféré conserver ses préventions et ne pas se convaincre d'erreur et d'injustice ; il ne put cependant refuser de prendre connaissance de ce papier, qu'il lut et relut lentement sans proférer une parole.

Madame de La Vallière suivait du regard, sur le visage du roi, toutes les impressions successives que cette lecture faisait naître dans son âme ; elle fut étonnée, attristée, de le voir rester froid et sévère.

— M. Colbert eût bien fait de m'avertir plus tôt ! dit-il enfin d'un ton presque indifférent.

— Il vous avait adressé une lettre qui n'est pas parvenue, reprit-elle découragée ; cette lettre renfermait des rapports de police et des témoignages irrécusables...

— Cette lettre s'est perdue, interrompit le roi ; c'est un malheur dont il ne faut accuser personne... Eh bien ! j'admets comme vraie la déclaration de M. Colbert, ajouta-t-il en recommençant à épier tous les mouvements intérieurs qui se manifestaient sur les traits de madame de La Vallière ; je croirai, si vous voulez, que j'ai été abusé au sujet de cette orgie, à laquelle M. de Vermandois aurait participé...

— Sire, pesez chaque mot de cette lettre qui est le testament de M. Colbert !

— Je l'accepte, vous dis-je, dans tous ses termes, et je serais disposé à faire réparation d'honneur à M. de Vermandois, si, depuis cette lettre écrite, il n'avait mis le comble à ses déportements.

— On vous aura fait quelqu'autre faux rapport, Sire ! dit la malheureuse mère qui se sentait moins sûre de l'innocence de son fils. Il y a un complot pour perdre M. de Vermandois !

— Quoi ! madame, nierez-vous l'évidence? Ferez-vous semblant d'ignorer ce que vous savez aussi bien que moi?...

— Je sais, Sire, que cet imprudent s'est retrouvé encore une fois dans ces mauvaises sociétés ; je sais qu'il a joué, qu'il a perdu...

— Un million, madame !

— C'est moi qui paierai, Sire, ou plutôt je m'adresserai à votre inépuisable générosité, pour qu'elle me fournisse les moyens de couvrir les dettes de jeu du pauvre comte de Vermandois.

— Ces dettes, madame, j'aurai soin qu'elles soient acquittées. Mais, ce n'est rien que le jeu; ce qui déshonore un prince, ce qui montre la perversité de M. de Vermandois, c'est l'ivrognerie, le plus ignoble des vices ! Vous savez bien qu'on l'a ramassé ivre-mort dans les rues de Paris...

— Ah ! Sire, qu'ils sont coupables, les gens qui travaillent à dégrader votre fils !

— Le vin l'avait rendu fou furieux, et, depuis quinze jours, il est en pleine démence. Il mourra probablemeut des suites

de cette orgie horrible, et je vous avoue
que je ne le regretterai pas.

— Vous êtes trop dur pour être père !
dit-elle tristement, désespérée de trouver
cette sécheresse de cœur chez le roi.

— S'il avait été digne du nom qu'il
porte, madame, s'il s'était conduit comme
un fils de France, s'il eût pris modèle sur
le dauphin...

— Je fais des vœux, Sire, interrompit-
elle hors d'elle-même, pour que le dauphin ne vous cause pas plus de chagrins
que le comte de Vermandois !

— Si je n'avais eu qu'à me louer des bonnes qualités de votre fils, de son respect pour moi, de son zèle pour ma gloire; ah! madame, j'eusse souhaité avoir deux couronnes pour lui en laisser une!

— Qu'importe une couronne, Sire! Dieu m'est témoin que je ne l'ai jamais désirée pour mon fils!

— Ne voyez-vous pas ce qui doit arriver, et ce qui, par avance me remplit l'âme d'amertume? Votre fils, s'il recouvre la raison, si l'on parvient à lui conserver la vie, votre fils ne sera qu'un triste débauché, adonné au jeu, au vin, aux femmes...

— Avez-vous le courage, Sire, de briser de la sorte le cœur d'une mère !

La duchesse de La Vallière, dont les larmes et les sanglots avaient fait irruption, essaya de se lever.

Le roi la retint en lui pressant les mains dans les siennes et en la contemplant avec un tendre intérêt, auquel se mêlaient peut-être quelques réminiscences de l'amour qu'il avait eu pour elle.

— Écoutez-moi, lui dit-il doucement, écoutez-moi, Louise !

— Sire, ne me parlez pas ainsi ! répon-

dit-elle en frémissant : vous me causez un
trouble inexprimable !

— Vous savez si j'ai aimé cet enfant,
vous savez que je le préférais même à mon
fils légitime !

— C'était trop, Sire, c'était l'aveugle-
ment du péché, c'était l'illusion d'un sentiment coupable. Dieu vous en a puni par
les désordres même de cet enfant.

— Jugez si j'ai souffert dans mon affection paternelle, pour en venir à désespé-
rer de lui et de sa destinée !... Je ne vous
ai pas tout dit encore, je ne vous ai pas

exposé l'affreux tableau de cette dernière orgie, car je sais tout, moi, par les soins de ma police secrète!

— Je ne défendrai pas ce malheureux enfant, mais je le plaindrai et je vous intercéderai pour lui.

— Votre intercession est toute puissante, Louise, et s'il y a repentir chez votre fils, si vous vous engagez, en son nom, à ce qu'il se corrige de ses vices, je lui pardonne!... je lui pardonnerai!...

— Ah! que vous me faites du bien Sire, en me donnant cette promesse!

— Je lui offrirai quelque occasion de se
réhabiliter et de montrer à tous qu'il est
mon propre fils. Les hostilités vont bientôt
recommencer en Flandre : je l'enverrai à
l'armée.

— Il est bien jeune, Sire, dit timidement
madame de La Vallière, dont le cœur ma-
ternel fut de nouveau rempli d'angoisses.

— J'avais son âge, quand je fis ma première campagne au siége de Stenay, et
j'eus la gloire de prendre cette ville... Ne
reviendrez-vous jamais à la cour, Louise?
lui demanda-t-il tout à coup.

— Il lui tenait toujours les mains, il la

regardait toujours ; il la trouvait encore belle et touchante.

— Moi, grand Dieu ! qu'y ferais-je ? s'écria-t-elle en rougissant et en tremblant davantage.

— Vous y resteriez près de moi, près d'un ami, près de votre meilleur ami !

On entendit les tambours qui battaient aux champs ; les fifres et les hautbois de la musique militaire, qui sonnaient une fanfare, dans la cour d'honneur du château.

Louis XIV devint aussitôt soucieux et inquiet : il laissa tomber la main que ma-

dame de La Vallière lui avait abandonnée ;
il écouta le murmure des voix et le bruit
des pas qui s'approchaient.

Il se leva brusquement, sans dire adieu
à son ancienne maîtresse, sans lui accorder un seul regard, et il sortit à la hâte de
la salle de verdure, où la religieuse restait
assise, immobile et glacée, à la même
place.

— Sire ! dit Louvois qui accourait au-
devant du roi, à la tête d'un groupe de
courtisans : madame la marquise de
Maintenon vient d'arriver et s'étonne de
ne pas voir Votre Majesté !

FIN DU DEUXIÈME VOLUME.

LES FILLES DE PLATRE

Par Xavier de Montépin. — 7 vol. (complet).

Le Lord de l'Amirauté

Par Adrien Robert. — 3 vol. (complet).

LA BELLE AURORE

Par la comtesse Dash. — 6 vol. (complet).

LE SPECTRE DE CHATILLON

Par Élie Berthet. — 5 vol. (complet.)

DEUX ROUTES DE LA VIE

Par G. de la Landelle. — 4 vol. (complet.)

UN MONDE INCONNU

Par Paul Duplessis. — 2 vol. (complet).

Les Veillées de Saint-Hubert

Par le marquis de Foudras. — 2 vol. (complet).

LA PERLE DU PALAIS-ROYAL

Par Xavier de Montépin. — 3 vol. (complet).

Jean qui pleure et Jean qui rit

Par Adrien Robert. — 2 vol. (complet).

ADRIANI

Par George Sand. — 2 vol. (complet).

Fontainebleau. — Imp. de E. Jacquin.